"七一勋章"获得者风采录

千秋伟业 百年风华

任仲文 ◎ 编

人民日报出版社

北京

图书在版编目（CIP）数据

千秋伟业　百年风华 / 任仲文编. -- 北京：人民日报出版社，2021.7
ISBN 978-7-5115-7004-8

Ⅰ.①千… Ⅱ.①任… Ⅲ.①中国共产党—干部教育—学习参考资料 Ⅳ.①D262.3

中国版本图书馆CIP数据核字（2021）第064951号

书　　名：千秋伟业　百年风华
　　　　　QIANQIU WEIYE　BAINIAN FENGHUA
编　　者：任仲文

出 版 人：刘华新
责任编辑：蒋菊平　梁雪云
封面设计：吕雪梅
版式设计：九章文化

出版发行：人民日报出版社
社　　址：北京金台西路2号
邮政编码：100733
发行热线：（010）65369509　65369512　65363531　65363528
邮购热线：（010）65369530　65363527
编辑热线：（010）65369528　65369526
网　　址：www.peopledailypress.com
经　　销：新华书店
印　　刷：大厂回族自治县彩虹印刷有限公司
法律顾问：北京科宇律师事务所　010-83622312

开　　本：710mm×1000mm　1/16
字　　数：193千字
印　　张：17.5
版次印次：2021年7月第1版　2021年7月第1次印刷

书　　号：ISBN 978-7-5115-7004-8
定　　价：48.00元

在庆祝中国共产党成立100周年大会上的讲话

（2021年7月1日）

习近平

同志们，朋友们：

今天，在中国共产党历史上，在中华民族历史上，都是一个十分重大而庄严的日子。我们在这里隆重集会，同全党全国各族人民一道，庆祝中国共产党成立一百周年，回顾中国共产党百年奋斗的光辉历程，展望中华民族伟大复兴的光明前景。

首先，我代表党中央，向全体中国共产党员致以节日的热烈祝贺！

在这里，我代表党和人民庄严宣告，经过全党全国各族人民持续奋斗，我们实现了第一个百年奋斗目标，在中华大地上全面建成了小康社会，历史性地解决了绝对贫困问题，正在意气风发向着全面建成社会主义现代化强国的第二个百年奋斗目标迈进。这是中华民族的伟大光荣！这是中国人民的伟大光荣！这是中国共产党的伟大光荣！

同志们、朋友们！

中华民族是世界上伟大的民族，有着5000多年源远流长的文明历史，为人类文明进步作出了不可磨灭的贡献。1840年鸦片战争以后，中国逐步成为半殖民地半封建社会，国家蒙辱、人民蒙难、文明蒙尘，中华民族遭受了前所未有的劫难。从那时起，实现中华民族伟大复兴，就成为中国人民和中华民族最伟大的梦想。

为了拯救民族危亡，中国人民奋起反抗，仁人志士奔走呐喊，太平天国运动、戊戌变法、义和团运动、辛亥革命接连而起，各种救国方案轮番出台，但都以失败而告终。中国迫切需要新的思想引领救亡运动，迫切需要新的组织凝聚革命力量。

十月革命一声炮响，给中国送来了马克思列宁主义。在中国人民和中华民族的伟大觉醒中，在马克思列宁主义同中国工人运动的紧密结合中，中国共产党应运而生。中国产生了共产党，这是开天辟地的大事变，深刻改变了近代以后中华民族发展的方向和进程，深刻改变了中国人民和中华民族的前途和命运，深刻改变了世界发展的趋势和格局。

中国共产党一经诞生，就把为中国人民谋幸福、为中华民族谋复兴确立为自己的初心使命。一百年来，中国共产党团结带领中国人民进行的一切奋斗、一切牺牲、一切创造，归结起来就是一个主题：实现中华民族伟大复兴。

——为了实现中华民族伟大复兴，中国共产党团结带领中国人民，浴血奋战、百折不挠，创造了新民主主义革命的伟大成就。我们经过北伐战争、土地革命战争、抗日战争、解放战争，以武装的革命反对武装的反革命，推翻帝国主义、封建主义、官僚资本主义三座大山，建立了人民当家作主的中华人民共和国，实现了民族独立、人民解放。新民主主义革命的胜利，彻底结束了旧中国半殖民地半封建社会的历史，彻底结束了旧中国一盘散沙的局面，彻底废除了列强强加给中国的不平等条约和帝国主义在中国的一切特权，为实现中华民族伟大复兴创造了根本社会条件。中国共产党和中国人民以英勇顽强的奋斗向世界庄严宣告，中国人民站起来了，中华民族任人宰割、饱受欺凌的时代一去不复返了！

——为了实现中华民族伟大复兴，中国共产党团结带领中国人民，自力更生、发愤图强，创造了社会主义革命和建设的伟大成就。我们进行社会主义革命，消灭在中国延续几千年的封建剥削压迫制度，确立社会主义基本制度，推进社会主义建设，战胜帝国主义、霸权主义的颠覆破坏和武装挑衅，实现了中华民族有史以来最为广泛而深刻的社会变革，实现了一穷二白、人口众多的东方大国大步迈进社会主义社会的伟大飞跃，为实现中华民族伟大复兴奠定了根本政治前提和制度基础。中国共产党和中国人民以英勇顽强的奋斗向世界庄严宣告，中国人民不但善于破坏一个旧世界、也善于建设一个新世界，只有社会主义才能救中国，只有社会主义才能发展中国！

——为了实现中华民族伟大复兴，中国共产党团结带领中国人民，解放思想、锐意进取，创造了改革开放和社会主义现代化建设的伟大成就。我们实现新中国成立以来党的历史上具有深远意义的伟大转折，确立党在社会主义初级阶段的基本路线，坚定不移推进改革开放，战胜来自各方面的风险挑战，开创、坚持、捍卫、发展中国特色社会主义，实现了从高度集中的计划经济体制到充满活力的社会主义市场经济体制、从封闭半封闭到全方位开放的历史性转变，实现了从生产力相对落后的状况到经济总量跃居世界第二的历史性突破，实现了人民生活从温饱不足到总体小康、奔向全面小康的历史性跨越，为实现中华民族伟大复兴提供了充满新的活力的体制保证和快速发展的物质条件。中国共产党和中国人民以英勇顽强的奋斗向世界庄严宣告，改革开放是决定当代中国前途命运的关键一招，中国大踏步赶上了时代！

——为了实现中华民族伟大复兴，中国共产党团结带领中国人民，自信自强、守正创新，统揽伟大斗争、伟大工程、伟大事业、伟大梦想，创造了新时代中国特色社会主义的伟大成就。党的十八大以来，中国特色社会主义进入新时代，我们坚持和加强党的全面领导，统筹推进"五位一体"总体布局、协调推进"四个全面"战略布局，坚持和完善中国特色社会主义制度、推进国家治理体系和治理能力现代化，坚持依规治党、形成比较完善的党内法规体系，战胜一系列重大风险挑战，实现第一个百年奋斗目标，明确实现第二个百年奋斗目标的战略安排，党和国家事业取得历史性成就、发生历史性变革，为实现中华民族伟大复兴提供了更为完善的制度保证、更为坚实的物质基础、更为主动的精神力量。中国共产党和中国人民以英勇顽强的奋斗向世界庄严宣告，中华民族迎来了从站起来、富起来到强起来的伟大飞跃，实现中华民族伟大复兴进入了不可逆转的历史进程！

一百年来，中国共产党团结带领中国人民，以"为有牺牲多壮志，敢教日月换新天"的大无畏气概，书写了中华民族几千年历史上最恢宏的史诗。这一百年来开辟的伟大道路、创造的伟大事业、取得的伟大成就，必将载入中华民族发展史册、人类文明发展史册！

同志们、朋友们！

一百年前，中国共产党的先驱们创建了中国共产党，形成了坚持真理、坚守理想，践行初心、担当使命，不怕牺牲、英勇斗争，对党忠诚、不负人民的伟大建党精神，这是中国共产党的精神之源。

一百年来，中国共产党弘扬伟大建党精神，在长期奋斗中构建起中国共产党人的精神谱系，锤炼出鲜明的政治品格。历史川流不息，精神代代相传。我们要继续弘扬光荣传统、赓续红色血脉，永远把伟大建党精神继承下去、发扬光大！

同志们、朋友们！

一百年来，我们取得的一切成就，是中国共产党人、中国人民、中华民族团结奋斗的结果。以毛泽东同志、邓小平同志、江泽民同志、胡锦涛同志为主要代表的中国共产党人，为中华民族伟大复兴建立了彪炳史册的伟大功勋！我们向他们表示崇高的敬意！

此时此刻，我们深切怀念为中国革命、建设、改革，为中国共产党建立、巩固、发展作出重大贡献的毛泽东、周恩来、刘少奇、朱德、邓小平、陈云同志等老一辈革命家，深切怀念为建立、捍卫、建设新中国英勇牺牲的革命先烈，深切怀念为改革开放和社会主义现代化建设英勇献身的革命烈士，深切怀念近代以来为民族独立和人民解放顽强奋斗的所有仁人志士。

他们为祖国和民族建立的丰功伟绩永载史册！他们的崇高精神永远铭记在人民心中！

人民是历史的创造者，是真正的英雄。我代表党中央，向全国广大工人、农民、知识分子，向各民主党派和无党派人士、各人民团体、各界爱国人士，向人民解放军指战员、武警部队官兵、公安干警和消防救援队伍指战员，向全体社会主义劳动者，向统一战线广大成员，致以崇高的敬意！向香港特别行政区同胞、澳门特别行政区同胞和台湾同胞以及广大侨胞，致以诚挚的问候！向一切同中国人民友好相处、关心和支持中国革命、建设、改革事业的各国人民和朋友，致以衷心的谢意！

同志们、朋友们！

初心易得，始终难守。以史为鉴，可以知兴替。我们要用历史映照现实、远观未来，从中国共产党的百年奋斗中看清楚过去我们为什么能够成功、弄明白未来我们怎样才能继续成功，从而在新的征程上更加坚定、更加自觉地牢记初心使命、开创美好未来。

——以史为鉴、开创未来，必须坚持中国共产党坚强领导。办好中国的事情，关键在党。中华民族近代以来180多年的历史、中国共产党成立以来100年的历史、中华人民共和国成立以来70多年的历史都充分证明，没有中国共产党，就没有新中国，就没有中华民族伟大复兴。历史和人民选择了中国共产党。中国共产党领导是中国特色社会主义最本质的特征，是中国特色社会主义制度的最大优势，是党和国家的根本所在、命脉所在，是全国各族人民的利益所系、命运所系。

新的征程上，我们必须坚持党的全面领导，不断完善党的领导，增强"四个意识"、坚定"四个自信"、做到"两个维护"，牢记"国之大者"，不断提高党科学执政、民主执政、依法执政水平，充分发挥党总揽全局、协调各方的领导核心作用！

——以史为鉴、开创未来，必须团结带领中国人民不断为美好生活而奋斗。江山就是人民、人民就是江山，打江山、守江山，守的是人民的心。中国共产党根基在人民、血脉在人民、力量在人民。中国共产党始终代表最广大人民根本利益，与人民休戚与共、生死相依，没有任何自己特殊的利益，从来不代表任何利益集团、任何权势团体、任何特权阶层的利益。任何想把中国共产党同中国人民分割开来、对立起来的企图，都是绝不会得逞的！9500多万中国共产党人不答应！14亿多中国人民也不答应！

新的征程上，我们必须紧紧依靠人民创造历史，坚持全心全意为人民服务的根本宗旨，站稳人民立场，贯彻党的群众路线，尊重人民首创精神，践行以人民为中心的发展思想，发展全过程人民民主，维护社会公平正义，着力解决发展不平衡不充分问题和人民群众急难愁盼问题，推动人的全面发展、全体人民共同富裕取得更为明显的实质性进展！

——以史为鉴、开创未来，必须继续推进马克思主义中国化。马克思主义是我们立党立国的根本指导思想，是我们党的灵魂和旗帜。中国共产党坚持马克思主义基本原理，坚持实事求是，从中国实际出发，洞察时代大势，把握历史主动，进行艰辛探索，不断推进马克思主义中国化时代化，指导中国人民不断推进伟大社会革命。中国共产党为什么能，中国特色社会主义为什么好，归根到底是因为马克思主义行！

新的征程上，我们必须坚持马克思列宁主义、毛泽东思想、邓小平理论、"三个代表"重要思想、科学发展观，全面贯彻新时代中国特色社会主义思想，坚持把马克思主义基本原理同中国具体实际相结合、同中华优秀传统文化相结合，用马克思主义观察时代、把握时代、引领时代，继续发展当代中国马克思主义、21世纪马克思主义！

——以史为鉴、开创未来，必须坚持和发展中国特色社会主义。走自己的路，是党的全部理论和实践立足点，更是党百年奋斗得出的历史结论。中国特色社会主义是党和人民历经千辛万苦、付出巨大代价取得的根本成就，是实现中华民族伟大复兴的正确道路。我们坚持和发展中国特色社会主义，推动物质文明、政治文明、精神文明、社会文明、生态文明协调发展，创造了中国式现代化新道路，创造了人类文明新形态。

新的征程上，我们必须坚持党的基本理论、基本路线、基本方略，统筹推进"五位一体"总体布局、协调推进"四个全面"战略布局，全面深化改革开放，立足新发展阶段，完整、准确、全面贯彻新发展理念，构建新发展格局，推动高质量发展，推进科技自立自强，保证人民当家作主，坚持依法治国，坚持社会主义核心价值体系，坚持在发展中保障和改善民生，坚持人与自然和谐共生，协同推进人民富裕、国家强盛、中国美丽。

中华民族拥有在5000多年历史演进中形成的灿烂文明，中国共产党拥有百年奋斗实践和70多年执政兴国经验，我们积极学习借鉴人类文明的一切有益成果，欢迎一切有益的建议和善意的批评，但我们绝不接受"教师爷"般颐指气使的说教！中国共产党和中国人民将在自己选择的道路上昂首阔步走下去，把中国发展进步的命运牢牢掌握在自己手中！

——以史为鉴、开创未来，必须加快国防和军队现代化。强国必须强军，军强才能国安。坚持党指挥枪、建设自己的人民军队，是党在血与火的斗争中得出的颠扑不破的真理。人民军队为党和人民建立了不朽功勋，是保卫红色江山、维护民族尊严的坚强柱石，也是维护地区和世界和平的强大力量。

新的征程上，我们必须全面贯彻新时代党的强军思想，贯彻新时代军事战略方针，坚持党对人民军队的绝对领导，坚持走中国特色强军之路，全面推进政治建军、改革强军、科技强军、人才强军、依法治军，把人民军队建设成为世界一流军队，以更强大的能力、更可靠的手段捍卫国家主权、安全、发展利益！

——以史为鉴、开创未来，必须不断推动构建人类命运共同体。和平、和睦、和谐是中华民族5000多年来一直追求和传承的理念，中华民族的血液中没有侵略他人、称王称霸的基因。中国共产党关注人类前途命运，同世界上一切进步力量携手前进，中国始终是世界和平的建设者、全球发展的贡献者、国际秩序的维护者！

新的征程上，我们必须高举和平、发展、合作、共赢旗帜，奉行独立自主的和平外交政策，坚持走和平发展道路，推动建设新型国际关系，推动构建人类命运共同体，推动共建"一带一路"高质量发展，以中国的新发展为世界提供新机遇。中国共产党将继续同一切爱好和平的国家和人民一道，弘扬和平、发展、公平、正义、民主、自由的全人类共同价值，坚持合作、不搞对抗，坚持开放、不搞封闭，坚持互利共赢、不搞零和博弈，反对霸权主义和强权政治，推动历史车轮向着光明的目标前进!

中国人民是崇尚正义、不畏强暴的人民,中华民族是具有强烈民族自豪感和自信心的民族。中国人民从来没有欺负、压迫、奴役过其他国家人民,过去没有,现在没有,将来也不会有。同时,中国人民也绝不允许任何外来势力欺负、压迫、奴役我们,谁妄想这样干,必将在14亿多中国人民用血肉筑成的钢铁长城面前碰得头破血流!

——以史为鉴、开创未来,必须进行具有许多新的历史特点的伟大斗争。敢于斗争、敢于胜利,是中国共产党不可战胜的强大精神力量。实现伟大梦想就要顽强拼搏、不懈奋斗。今天,我们比历史上任何时期都更接近、更有信心和能力实现中华民族伟大复兴的目标,同时必须准备付出更为艰巨、更为艰苦的努力。

新的征程上,我们必须增强忧患意识、始终居安思危,贯彻总体国家安全观,统筹发展和安全,统筹中华民族伟大复兴战略全局和世界百年未有之大变局,深刻认识我国社会主要矛盾变化带来的新特征新要求,深刻认识错综复杂的国际环境带来的新矛盾新挑战,敢于斗争,善于斗争,逢山开道、遇水架桥,勇于战胜一切风险挑战!

——以史为鉴、开创未来,必须加强中华儿女大团结。在百年奋斗历程中,中国共产党始终把统一战线摆在重要位置,不断巩固和发展最广泛的统一战线,团结一切可以团结的力量、调动一切可以调动的积极因素,最大限度凝聚起共同奋斗的力量。爱国统一战线是中国共产党团结海内外全体中华儿女实现中华民族伟大复兴的重要法宝。

新的征程上,我们必须坚持大团结大联合,坚持一致性和多样性统一,加强思想政治引领,广泛凝聚共识,广聚天下英才,努力寻求最大公约数、画出最大同心圆,形成海内外全体中华儿女心往一处想、劲往一处使的生动局面,汇聚起实现民族复兴的磅礴力量!

——以史为鉴、开创未来,必须不断推进党的建设新的伟大工程。勇于自我革命是中国共产党区别于其他政党的显著标志。我们党历经千锤百炼而朝气蓬勃,一个很重要的原因就是我们始终坚持党要管党、全面从严治党,不断应对好自身在各个历史时期面临的风险考验,确保我们党在世界形势深刻变化的历史进程中始终走在时代前列,在应对国内外各种风险挑战的历史进程中始终成为全国人民的主心骨!

新的征程上,我们要牢记打铁必须自身硬的道理,增强全面从严治党永远在路上的政治自觉,以党的政治建设为统领,继续推进新时代党的建设新的伟大工程,不断严密党的组织体系,着力建设德才兼备的高素质干部队伍,坚定不移推进党风廉政建设和反腐败斗争,坚决清除一切损害党的先进性和纯洁性的因素，清除一切侵蚀党的健康肌体的病毒，确保党不变质、不变色、不变味，确保党在新时代坚持和发展中国特色社会主义的历史进程中始终成为坚强领导核心！

同志们、朋友们！

我们要全面准确贯彻"一国两制"、"港人治港"、"澳人治澳"、高度自治的方针，落实中央对香港、澳门特别行政区全面管治权，落实特别行政区维护国家安全的法律制度和执行机制，维护国家主权、安全、发展利益，维护特别行政区社会大局稳定，保持香港、澳门长期繁荣稳定。

解决台湾问题、实现祖国完全统一，是中国共产党矢志不渝的历史任务，是全体中华儿女的共同愿望。要坚持一个中国原则和"九二共识"，推进祖国和平统一进程。包括两岸同胞在内的所有中华儿女，要和衷共济、团结向前，坚决粉碎任何"台独"图谋，共创民族复兴美好未来。任何人都不要低估中国人民捍卫国家主权和领土完整的坚强决心、坚定意志、强大能力！

同志们、朋友们！

未来属于青年，希望寄予青年。一百年前，一群新青年高举马克思主义思想火炬，在风雨如晦的中国苦苦探寻民族复兴的前途。一百年来，在中国共产党的旗帜下，一代代中国青年把青春奋斗融入党和人民事业，成为实现中华民族伟大复兴的先锋力量。新时代的中国青年要以实现中华民族伟大复兴为己任，增强做中国人的志气、骨气、底气，不负时代，不负韶华，不负党和人民的殷切期望！

同志们、朋友们！

一百年前，中国共产党成立时只有50多名党员，今天已经成为拥有9500多万名党员、领导着14亿多人口大国、具有重大全球影响力的世界第一大执政党。

一百年前，中华民族呈现在世界面前的是一派衰败凋零的景象。今天，中华民族向世界展现的是一派欣欣向荣的气象，正以不可阻挡的步伐迈向伟大复兴。

过去一百年，中国共产党向人民、向历史交出了一份优异的答卷。现在，中国共产党团结带领中国人民又踏上了实现第二个百年奋斗目标新的赶考之路。

全体中国共产党员！党中央号召你们，牢记初心使命，坚定理想信念，践行党的宗旨，永远保持同人民群众的血肉联系，始终同人民想在一起、干在一起，风雨同舟、同甘共苦，继续为实现人民对美好生活的向往不懈努力，努力为党和人民争取更大光荣！

同志们、朋友们！

中国共产党立志于中华民族千秋伟业，百年恰是风华正茂！回首过去，展望未来，有中国共产党的坚强领导，有全国各族人民的紧密团结,全面建成社会主义现代化强国的目标一定能够实现,中华民族伟大复兴的中国梦一定能够实现!

伟大、光荣、正确的中国共产党万岁!

伟大、光荣、英雄的中国人民万岁!

(新华社北京7月1日电)

《人民日报》(2021年7月2日　第2版)

在"七一勋章"颁授仪式上的讲话

（2021年6月29日）

习近平

同志们：

今天，在庆祝中国共产党成立一百周年之际，我们在这里隆重举行仪式，将党内最高荣誉授予为党和人民作出杰出贡献的共产党员。

首先，我代表党中央，向"七一勋章"获得者，表示热烈的祝贺！致以崇高的敬意！

一百年来，我们党矢志践行初心使命，团结带领人民开辟了伟大道路、建立了伟大功业、铸就了伟大精神、积累了宝贵经验，在中华民族发展史和人类社会进步史上写下了壮丽篇章。

一百年来，一代又一代中国共产党人，为赢得民族独立和人民解放、实现国家富强和人民幸福,前仆后继、浴血奋战、艰苦奋斗、无私奉献,谱写了气吞山河的英雄壮歌。

今天受到表彰的"七一勋章"获得者,就是各条战线党员中的杰出代表。在他们身上,生动体现了中国共产党人坚定信念、践行宗旨、拼搏奉献、廉洁奉公的高尚品质和崇高精神。

——坚定信念,就是坚持不忘初心、不移其志,以坚忍执着的理想信念,以对党和人民的赤胆忠心,把对党和人民的忠诚和热爱牢记在心目中、落实在行动上,为党和人民事业奉献自己的一切乃至宝贵生命,为党的理想信念顽强奋斗、不懈奋斗。

心中有信仰,脚下有力量。全党同志都要把对马克思主义的信仰、对中国特色社会主义的信念作为毕生追求,永远信党爱党为党,在各自岗位上顽强拼搏,不断把为崇高理想奋斗的实践推向前进。

——践行宗旨,就是对人民饱含深情,心中装着人民,工作为了人民,想群众之所想,急群众之所急,解群众之所难,密切联系群众,坚定依靠群众,一心一意为百姓造福,以为民造福的实际行动诠释了共产党人"我将无我、不负人民"的崇高情怀。

江山就是人民,人民就是江山。全党同志都要坚持人民立场、人民至上,坚持不懈为群众办实事做好事,始终保持同人民群众的血肉联系。

——拼搏奉献,就是把许党报国、履职尽责作为人生目标,不畏艰险、敢于牺牲,苦干实干、不屈不挠,充分展示了共产党人无私无畏的奉献精神和坚忍不拔的斗争精神。

越是伟大的事业,越是充满挑战,越需要知重负重。全党同志都要保持"越是艰险越向前"的英雄气概,保持"敢教日月换新天"的昂扬斗志,埋头苦干、攻坚克难,努力创造无愧于党、无愧于人民、无愧于时代的业绩。

——廉洁奉公,就是保持共产党人艰苦朴素、公而忘私的光荣传统,从不以功臣自居,不计较个人得失,不贪图享受,守纪律、讲规矩,生动体现了共产党人应有的道德风范。

共产党人拥有人格力量,才能赢得民心。全党同志都要明大德、守公德、严私德,清清白白做人、干干净净做事,做到克己奉公、以俭修身,永葆清正廉洁的政治本色。

"七一勋章"获得者都来自人民、植根人民,是立足本职、默默奉献的平凡英雄。他们的事迹可学可做,他们的精神可追可及。他们用行动证明,只要坚定理想信念、坚定奋斗意志、坚定恒心韧劲,平常时候看得出来、关键时刻站得出来、危难关头豁得出来,每名党员都能够在民族复兴的伟业中为党和人民建功立业!

同志们!

新时代是需要英雄并一定能够产生英雄的时代。中国共产党要始终成为时代先锋、民族脊梁，党员队伍必须过硬。希望受到表彰的同志珍惜荣誉、发扬成绩，争取更大光荣。各级党组织要从工作和生活上关心爱护功勋党员，大力宣传"七一勋章"获得者的感人事迹和崇高品德，在全党全社会形成崇尚先进、见贤思齐的浓厚氛围，激励广大党员、干部牢记党的性质宗旨，牢记党的初心使命，不懈奋斗，永远奋斗，在全面建设社会主义现代化国家新征程上，向着第二个百年奋斗目标、向着中华民族伟大复兴的中国梦奋勇前进！

（新华社北京6月29日电）

《人民日报》（2021年6月30日 第2版）

人民日报社论

铸就百年辉煌　书写千秋伟业

——热烈庆祝中国共产党成立一百周年

一世纪风雨兼程，九万里风鹏正举。在全面建设社会主义现代化国家新征程顺利开启的重要时刻，我们迎来了中国共产党百年华诞。站在这个重大历史节点上，回望过往的奋斗路，眺望前方的奋进路，我们心潮澎湃，豪情满怀！

1921—2021，百年成就辉煌。从建党的开天辟地，到新中国成立的改天换地，到改革开放的翻天覆地，再到党的十八大以来党和国家事业取得历史性成就、发生历史性变革，中国共产党坚守初心使命，团结带领人民创造了"当惊世界殊"的发展成就，书写了人类发展史上的伟大传奇，社会主义中国以更加雄伟的身姿屹立于世界东方，中华民族迎来了从站起来、富起来到强起来的伟大飞跃。

1921—2021，百年岁月峥嵘。从石库门到天安门，从兴业路到复兴路,从小小红船到巍巍巨轮,中国共产党走过苦难辉煌的过去,走在日新月异的现在,走向光明宏大的未来,已经发展成为一个在最大的社会主义国家执政70多年、拥有9500多万党员的世界上最大的马克思主义执政党,得到了14亿多中国人民最广泛的支持和拥护。

1921—2021,百年波澜壮阔。为中国人民谋幸福,也为促进人类进步事业而奋斗,中国共产党坚守为世界谋大同的天下情怀,坚守和平、发展、公平、正义、民主、自由的全人类共同价值,积极推动构建人类命运共同体,始终做世界和平的建设者、全球发展的贡献者、国际秩序的维护者,为解决人类问题贡献了中国智慧和中国方案,为人类文明和进步事业作出了卓越贡献。

习近平总书记深刻指出:"我们党的历史是中国近现代以来历史最为可歌可泣的篇章,历史在人民探索和奋斗中造就了中国共产党,我们党团结带领人民又造就了历史悠久的中华文明新的历史辉煌。"在百年接续奋斗中,中国共产党团结带领人民开辟了伟大道路,建立了伟大功业,铸就了伟大精神,积累了宝贵经验,创造了中华民族发展史、人类社会进步史上令人刮目相看的奇迹。

这是艰苦卓绝、气吞山河的壮丽史诗。世界上没有哪个党像我们这样,遭遇过如此多的艰难险阻,经历过如此多的生死考验，付出过如此多的惨烈牺牲。一百年来，在应对各种困难挑战中，我们党不畏强敌、不惧风险、敢于斗争、勇于胜利，团结带领人民攻克了一个又一个看似不可攻克的难关，夺取了一个又一个看似不可能的伟大胜利。经过一百年奋斗，我们在一个有着几千年封建社会历史的国家实现了最广泛的人民民主，人民真正成为国家、社会和自己命运的主人；我们在一穷二白的基础上创造了经济社会快速发展奇迹，用几十年时间走完了发达国家几百年走过的工业化历程，跃升为世界第二大经济体，综合国力、科技实力、国防实力、文化影响力、国际影响力显著提升；我国人民生活由温饱不足到全面小康，整体上彻底摆脱了绝对贫困，成为世界上中等收入人口最多的国家；我国创造了社会长期稳定奇迹，长期保持社会和谐稳定、人民安居乐业，成为国际社会公认的最有安全感的国家之一。今天，党的面貌、国家的面貌、人民的面貌、军队的面貌、中华民族的面貌发生了前所未有的变化，没有任何力量能够撼动我们伟大祖国的地位，没有任何力量能够阻挡中国人民和中华民族的前进步伐。

这是践行党的初心使命的辉煌历史。从登上中国政治舞台的那一刻起，我们党就始终不渝为中国人民谋幸福、为中华民族谋复兴。从此，中国人民开始从精神上由被动转为主动，中华民族开始艰难地但不可逆转地走向伟大复兴。一百年来，不管形势和任务如何变化，不管遇到什么样的惊涛骇浪，我们党都始终把握历史主动、锚定奋斗目标，沿着正确方向坚定前行。人民就是江山，我们党打江山、守江山，守的是人民的心，为的是让人民过上好日子。无论面临多大挑战和压力，无论付出多大牺牲和代价，这一点都毫不动摇。经过一百年奋斗，我们党依靠人民创造了历史伟业，迎来了中华民族伟大复兴的光明前景，带领亿万人民不断创造更加幸福美好的生活。正如习近平总书记深刻指出的："回顾党的历史，为什么我们党在那么弱小的情况下能够逐步发展壮大起来，在腥风血雨中能够一次次绝境重生，在攻坚克难中能够不断从胜利走向胜利，根本原因就在于不管是处于顺境还是逆境，我们党始终坚守为中国人民谋幸福、为中华民族谋复兴这个初心和使命，义无反顾向着这个目标前进，从而赢得了人民衷心拥护和坚定支持。"走过百年沧桑，中国共产党人初心如磐、使命在肩，昂扬奋进在新的伟大征程上！

这是推进马克思主义中国化时代化大众化的伟大进程。在近代中国最危急的时刻，中国共产党人找到了马克思列宁主义，并坚持把马克思列宁主义同中国实际相结合，用马克思主义真理的力量激活了中华民族历经几千年创造的伟大文明，使中华文明再次迸发出强大精神力量。一百年来，马克思主义深刻改变了中国，中国也极大丰富了马克思主义。我们党坚持解放思想和实事求是相统一、培元固本和守正创新相统一,不断开辟马克思主义新境界,创立了毛泽东思想、邓小平理论,形成了"三个代表"重要思想、科学发展观,创立了习近平新时代中国特色社会主义思想,为党和人民事业发展提供了科学理论指导。我们党的历史,就是一部不断推进马克思主义中国化的历史,就是一部不断推进理论创新、进行理论创造的历史。今天,马克思主义在 21 世纪的中国焕发出新的生机活力,21 世纪中国的马克思主义正展现出更强大、更有说服力的真理力量!

这是奠基立业、开辟未来的壮阔征程。为了实现民族独立和人民解放、国家富强和人民幸福,中国共产党人义无反顾,矢志不渝,接续奋斗。一百年来,我们党团结带领人民用近 30 年时间完成了新民主主义革命,建立了新中国,中国人民从此站起来了;我们党团结带领人民在社会主义革命和建设的基础上用 40 多年时间进行改革开放,全面建成小康社会取得伟大历史性成就,脱贫攻坚战取得了全面胜利,实现了第一个百年奋斗目标。展望未来,到 2035 年,我们党要团结带领人民基本实现社会主义现代化,并在这个基础上再奋斗 15 年,到本世纪中叶全面建成社会主义现代化强国。现在,向第二个百年奋斗目标进军的号角已经吹响,全党全国各族人民正在以习近平同志为核心的党中央坚强领导下,在新时代的伟大征程上风雨无阻、坚毅前行,为全面建设社会主义现代化国家的历史宏愿而奋斗。

中国共产党成立以来的一百年,是中国人民根本改变历史命运的一百年,是中华民族走向伟大复兴的一百年,是中国为全人类发展作出卓越贡献的一百年。中国共产党团结带领中国人民走过的光辉历程,是用鲜血、汗水、泪水写就的,充满着苦难和辉煌、曲折和胜利、付出和收获,是中华民族发展史上的壮丽篇章。中国共产党领导中国人民取得的伟大胜利,让中华文明在现代化进程中焕发出新的蓬勃生机,让科学社会主义在21世纪焕发出新的蓬勃生机,让中华民族焕发出新的蓬勃生机,是中国人民和中华民族继往开来、奋勇前进的现实基础。

实践充分证明:中国共产党是中国人民和中华民族的主心骨,只有中国共产党才能领导中国,只有社会主义才能救中国,只有改革开放才能发展中国、发展社会主义、发展马克思主义,只有中国特色社会主义道路才能引领中国走向繁荣富强、实现中华民族伟大复兴。

当今世界正经历百年未有之大变局,我国正处于实现中华民族伟大复兴关键时期,我们党正带领人民进行具有许多新的历史特点的伟大斗争,形势环境变化之快、改革发展稳定任务之重、矛盾风险挑战之多、对我们党治国理政考验之大前所未有。我们深知,中华民族伟大复兴曙光在前、前途光明,但绝不是轻轻松松、敲锣打鼓就能实现的，我们面临着难得机遇，也面临着严峻挑战。站在"两个一百年"的历史交汇点上，回首百年奋斗历程、瞻望伟大复兴前景，时与势在我们一边，这是我们的定力和底气所在，也是我们的决心和信心所在。

习近平总书记指出："全面建成小康社会，实现第一个百年奋斗目标，在中国共产党奋斗史、新中国发展史、中华民族文明史上都具有里程碑意义。同时，我们必须认识到，这只是我们迈向中华民族伟大复兴的关键一步，我们决不能骄傲自满、止步不前，要继续谦虚谨慎、戒骄戒躁，继续艰苦奋斗、锐意进取，为实现第二个百年奋斗目标、实现中华民族伟大复兴而奋力拼搏，为人类和平与发展的崇高事业不断作出新的更大贡献！"在全面建设社会主义现代化国家新征程上开拓前进，必须坚持以习近平新时代中国特色社会主义思想为指导，增强对马克思主义、共产主义的信仰，增强对中国特色社会主义的信念，增强对实现中华民族伟大复兴的信心，牢记初心使命，坚持"两个务必"，保持战略定力，增强忧患意识，保持斗争精神，调动一切可以调动的积极因素，团结一切可以团结的力量，在危机中育先机、于变局中开新局，全力办好自己的事，站在历史正确的一边，锲而不舍向第二个百年奋斗目标胜利进军，以"赶考"的清醒和坚定答好新时代的答卷，在顺应世界大势中书写中华民族千秋伟业。

征途漫漫，惟有奋斗。我们通过奋斗，披荆斩棘，走过了万水千山。我们还要继续奋斗，勇往直前，创造更加灿烂的辉煌。胸怀千秋伟业，恰是百年风华。只要我们党始终站在时代潮流最前列、站在攻坚克难最前沿、站在最广大人民之中，就必将永远立于不败之地。在新的伟大征程上，全党全国各族人民要更加紧密地团结在以习近平同志为核心的党中央周围，增强"四个意识"、坚定"四个自信"、做到"两个维护"，乘势而上，开拓奋进，为实现第二个百年奋斗目标、实现中华民族伟大复兴而不懈奋斗！

《人民日报》（2021年7月1日 第1版）

人民日报社论

在民族复兴伟业中为党和人民建功立业

伟大时代呼唤伟大精神,崇高事业需要榜样引领。"七一"前夕,庆祝中国共产党成立100周年"七一勋章"颁授仪式、全国"两优一先"表彰大会在人民大会堂隆重举行。在庆祝中国共产党成立一百周年之际,以中共中央名义首次颁授"七一勋章"这一党内最高荣誉,表彰全国优秀共产党员、全国优秀党务工作者和全国先进基层党组织,对于在全党全社会形成崇尚先进、见贤思齐的浓厚氛围,激励广大党员、干部牢记党的性质宗旨,牢记党的初心使命,不懈奋斗,永远奋斗,具有重大而深远的意义。

习近平总书记向"七一勋章"获得者颁授勋章,并在颁授仪式上发表重要讲话。总书记高度评价一百年来我们党团结带领人民创造了令人刮目相看的奇迹,深刻概括了一百年来中国共产党人坚定信念、践行宗旨、拼搏奉献、廉洁奉公的高尚品质和崇高精神。习近平总书记的重要讲话，高屋建瓴、内涵丰富、饱含深情，鼓舞和激励着全党同志永远信党爱党为党，坚持人民立场、人民至上，埋头苦干、攻坚克难，永葆清正廉洁的政治本色，在全面建设社会主义现代化国家新征程上，向着第二个百年奋斗目标、向着中华民族伟大复兴的中国梦奋勇前进！

一个有希望的民族不能没有英雄，一个有前途的国家不能没有先锋。一百年来，我们党矢志践行初心使命，团结带领人民开辟了伟大道路、建立了伟大功业、铸就了伟大精神、积累了宝贵经验，在中华民族发展史和人类社会进步史上写下了壮丽篇章。一百年来，一代又一代中国共产党人，为赢得民族独立和人民解放、实现国家富强和人民幸福，前仆后继、浴血奋战，艰苦奋斗、无私奉献，谱写了气吞山河的英雄壮歌。"七一勋章"获得者中，有战功赫赫的百战老兵，有把生命奉献给脱贫攻坚事业的基层干部，有集丰厚理论素养和操作技能于一身的大国工匠，有用红色基因树人铸魂的教育工作者，有潜心研究、矢志奉献的科学家，有传承爱国守边精神的农牧民……他们为党和人民作出了杰出贡献，创造了宝贵精神财富。

榜样是看得见的哲理，诠释着共产党人的精神品格。习近平总书记深刻指出："今天受到表彰的'七一勋章'获得者，就是各条战线党员中的杰出代表。在他们身上，生动体现了中国共产党人坚定信念、践行宗旨、拼搏奉献、廉洁奉公的高尚品质和崇高精神。"坚定信念，就是坚持不忘初心、不移其志，以坚忍执着的理想信念，以对党和人民的赤胆忠心，把对党和人民的忠诚和热爱牢记在心目中、落实在行动上，为党和人民事业奉献自己的一切乃至宝贵生命，为党的理想信念顽强奋斗、不懈奋斗；践行宗旨，就是对人民饱含深情，心中装着人民，工作为了人民，想群众之所想，急群众之所急，解群众之所难，密切联系群众，坚定依靠群众，一心一意为百姓造福，以为民造福的实际行动诠释了共产党人"我将无我、不负人民"的崇高情怀；拼搏奉献，就是把许党报国、履职尽责作为人生目标，不畏艰险、敢于牺牲，苦干实干、不屈不挠，充分展示了共产党人无私无畏的奉献精神和坚忍不拔的斗争精神；廉洁奉公，就是保持共产党人艰苦朴素、公而忘私的光荣传统，从不以功臣自居，不计较个人得失，不贪图享受，守纪律、讲规矩，生动体现了共产党人应有的道德风范。

新时代是需要英雄并一定能够产生英雄的时代。中国共产党要始终成为时代先锋、民族脊梁，党员队伍必须过硬。伟大出自平凡，平凡造就伟大。"七一勋章"获得者都来自人民、植根人民，是立足本职、默默奉献的平凡英雄。他们的事迹可学可做，他们的精神可追可及。他们用行动证明，只要坚定理想信念、坚定奋斗意志、坚定恒心韧劲，平常时候看得出来、关键时刻站得出来、危难关头豁得出来，每名党员都能够在民族复兴的伟业中为党和人民建功立业。以"七一勋章"获得者为榜样，大力弘扬坚定信念、践行宗旨、拼搏奉献、廉洁奉公的高尚品质和崇高精神，我们就能永葆共产党人的政治本色，永远得到人民拥护和支持。

我们所处的时代是催人奋进的伟大时代，我们进行的事业是前无古人的伟大事业，我们正在从事的中国特色社会主义事业是全体人民的共同事业。让我们更加紧密地团结在以习近平同志为核心的党中央周围，增强"四个意识"、坚定"四个自信"、做到"两个维护"，凝心聚力、锐意进取，在新时代书写更大的荣光，在新征程上铸就新的历史伟业！

《人民日报》（2021年6月30日　第2版）

目录 / Contents

001 | 在庆祝中国共产党成立100周年大会上的讲话　习近平

017 | 在"七一勋章"颁授仪式上的讲话　习近平

021 | 人民日报社论
　　　铸就百年辉煌　书写千秋伟业

029 | 人民日报社论
　　　在民族复兴伟业中为党和人民建功立业

001 | 马毛姐：渡江战役一等功臣
　　　马毛姐，一等渡江功臣，在渡江战役中手臂中弹依然咬牙坚持，6次横渡长江，运送3批解放军成功登岸，是闻名全国的"渡江英雄"，一生淡泊名利，默默为党工作。

007 | 王书茂：守好"祖宗海"　护好南大门
　　　王书茂，为国护海的模范，参与多项国家重大涉海工作，在南海维权斗争中冲锋在前，不怕牺牲、寸步不让，为维护我国领海主权和海洋权益作出杰出贡献。

011 | 王占山：百战老兵
　　　王占山，战功赫赫的百战老兵，志愿军"二级战斗英雄"，在解放战争、抗美援朝出国作战和中越边境自卫还击作战中出生入死、英勇杀敌，一生情系国防事业，永葆革命军人本色。

019 | 王兰花：一朵兰花　一群红马甲　温暖一座城
王兰花，群众心中的"活雷锋"，把解决社区居民的操心事烦心事揪心事作为毕生事业，十多年如一日坚持志愿服务，是奉献社会、服务群众的先锋楷模。

029 | 艾爱国：一辈子当个好工人
艾爱国，工匠精神的杰出代表，在焊工岗位奉献50多年，精益求精，追求卓越，勇于自主创新，攻克了数百项技术难关，成为一身绝技的焊接行业"领军人"。

033 | 石光银：茫茫沙海上书写绿色传奇
石光银，治沙造林事业的模范代表，40多年坚持与荒沙碱滩不屈抗争，创造治沙与致富相结合的新模式，为彻底改变毛乌素沙漠南缘"沙进人退"恶劣环境作出杰出贡献。

041 | 吕其明：不朽的旋律不朽的歌
吕其明，著名作曲家，一生坚持歌颂党、歌颂祖国、歌颂人民，创作的《红旗颂》《弹起我心爱的土琵琶》等大量红色经典作品，深受人民群众喜爱。

053 | 廷·巴特尔："将军之子"扎根草原45年
廷·巴特尔，扎根牧区、苦干实干的楷模，投身边疆牧区建设40多年，探索出保护生态、发展经济、促进增收新路子，使当地牧民生活发生积极变化。

061 | 刘贵今：一位"外交老兵"的非洲情缘
刘贵今，对非外交工作的坚守者、耕耘者，克服困难常驻非洲国家，在

目录

传承中非友谊、深化中非合作中担当作为、倾情奉献，为促进中非友好作出杰出贡献。

069 | 孙景坤：闪光的军功章在无声述说

孙景坤，永葆革命本色的战斗功臣，先后参加四平、辽沈、平津、解放长沙、解放海南岛、抗美援朝等战役战争。退役后毅然回乡带领群众改变家乡面貌，是共产党员吃苦在前、公而忘私崇高品质的典范。

075 | 买买提江·吾买尔：在传承中弘扬无私精神

买买提江·吾买尔，推动民族团结进步的模范代表，先后担任村支书30多年，旗帜鲜明反对民族分裂，坚定不移维护社会稳定，面对威胁挺身而出，有力捍卫社会和谐安定。

083 | 李宏塔："红色后代"时刻在老百姓中间

李宏塔，共产党人革命传统、优良家风的传承人，始终艰苦朴素、严于律己，在每个岗位上都践行党的根本宗旨，当好人民"勤务员"，树立了党员领导干部忠诚干净担当的典范。

089 | 吴天一："留在青藏高原是我一生最正确的决定"

吴天一，高原医学事业的开拓者，从事高原医学研究50多年，提出高原病防治救治国际标准，诊疗救治藏族群众上万名，被称为"生命的保护神"。

097 | 辛育龄：愿做无影灯下"不老松"

辛育龄，新中国胸外科事业的开拓者和奠基人。长期致力于我国胸外科事业创建和发展，在胸外科领域多个方面取得"从0到1"的突破，为我国卫生健康事业创新发展作出卓越贡献。

105 | 张桂梅：让教育之光照亮贫困山区

张桂梅，点亮乡村女孩人生梦想的优秀人民教师，推动创办了面向贫困山区女孩的免费女子高中，帮助近2000名贫困山区女孩圆了大学梦，拖着病体忘我工作，坚持用红色基因树人铸魂，被孩子们亲切地称为"张妈妈"。

111 | 陆元九：一腔赤诚为祖国航天

陆元九，我国自动化科学技术开拓者之一。早期出国留学，新中国成立初期，突破重重阻力毅然回到祖国怀抱，潜心研究，矢志奉献，为"两弹一星"工程及航天重大工程建设作出卓越贡献。

119 | 陈红军：英雄屹立喀喇昆仑

陈红军，新时代革命军人的杰出代表，"卫国戍边英雄"。坚守高原边防10年，带领官兵完成各种急难险重任务。2020年6月15日，在同外军战斗中，英勇作战、誓死不屈，为捍卫祖国领土主权、维护国家核心利益壮烈牺牲。

133 | 林丹：居民心中最亲切的"小巷总理"

林丹，社区工作者的杰出代表，扎根社区40多年，创新社区治理模式，当好党的"传声筒"、群众的"服务员"，把党的工作做到群众心坎上。

139 | 卓嘎：扎根雪域边陲的格桑花

卓嘎，爱国守边精神的传承者，秉持"家是玉麦，国是中国"的坚定信念，几十年如一日在雪域高原为守边固边忠诚奉献，践行了"再苦再累也要守好祖国每一寸土地"的誓言。

145 | 周永开：老去的是岁月　不变的是信仰

周永开，一生忠于党、赤诚为人民，解放前冒着生命危险从事地下工作，新中国成立后全心全意为百姓造福,离休后带领群众护林造林,被亲切地称为"周老革命"。

151 | 柴云振:勋章铭记

柴云振,志愿军"一级战斗英雄",在抗美援朝朴达峰阻击战中,浴血奋战到孤身一人,被称为"活着的黄继光"。复员回乡务农后,从不提及自己的功绩,为党和人民默默奉献了一辈子。

163 | 郭瑞祥:出生入死的革命老兵

郭瑞祥,矢志坚守初心的红军老战士,16岁投身革命,历经抗日战争、解放战争战火洗礼,离休后生活简朴,始终保持老红军的政治本色。

167 | 黄大发:一个人 一辈子 一道渠

黄大发,一心为民、艰苦奋斗的"当代愚公",带领群众历经30多年在绝壁上开凿"生命渠",用实干兑现"水过不去、拿命来铺"的誓言,为当地群众脱贫致富作出杰出贡献。

181 | 黄文秀:青春之花 绽放在扶贫路上

黄文秀,在脱贫攻坚一线挥洒汗水、忘我奉献的新时代青年党员干部的优秀代表。主动放弃大城市工作机会,到贫困村任第一书记,把生命奉献给脱贫攻坚事业,谱写了新时代青春之歌。

189 | 黄宝妹:不当明星要纺纱 岗位永远在车间

黄宝妹,新中国纺织工人的优秀代表,为实现"全国人民穿好衣"的梦想,在平凡岗位干出了不平凡业绩,坚持发光发热,是退而不休的老劳模。

199 | 崔道植:弹道有痕 忠诚无悔

崔道植,著名刑侦技术专家,参与办理1200余起重特大案件疑难痕迹检验鉴定,无一差错,在本职岗位上攻坚克难、拼搏奉献,是新时代公安干警的楷模。

207 | 蓝天野：一事能狂便少年
蓝天野，著名戏剧表演艺术家，毕生致力于人民文艺事业，70年来先后出演或导演《茶馆》《家》等数十部经典文艺作品，德艺双馨，为中国话剧艺术繁荣发展作出杰出贡献。

213 | 魏德友：一个牧羊人 一座"活界碑"
魏德友，兵团精神的典型代表，50多年如一日，在环境恶劣的萨尔布拉克草原巡边护边，总行程20多万公里，奉献全部青春守护边境安宁，被誉为边境线上的"活界碑"。

221 | 瞿独伊：新中国第一批驻外记者
瞿独伊，赓续红色基因的革命先烈后代。作为我国第一批驻外记者，立足本职岗位，勤勤恳恳奉献。一生淡泊名利，从不向党伸手，从不搞特殊化，始终保持共产党员的精神品格和崇高风范。

225 | 勋章闪亮映初心

马毛姐
渡江战役一等功臣

马毛姐,女,汉族,1935年9月生,1954年6月入党,安徽无为人,安徽省原合肥市服装鞋帽工业公司副经理。解放战争时期支前英模的杰出代表,闻名全国的"渡江英雄"。渡江战役中,年仅14岁参加"渡江突击队",在手臂中弹的情况下依然咬牙坚持,不畏枪林弹雨6次横渡长江,运送3批解放军成功登岸。毛主席亲切接见她,并题词"毛姐:好好学习、天天向上"。参加工作后从不以功臣自居,在平凡岗位上默默为党工作;离休后义务作革命传统教育报告300多场次。荣获"一等渡江功臣"、"支前模范"等称号。

2019年是新中国成立70周年，也是渡江战役胜利70周年。

70年，个人的命运与国家的命运紧紧相连，共同经历腥风血雨，共同走上康庄大道。

70年前的那场战役，足以让一个小女孩改写命运，并在暮年之时将战火带来的荣光刻进她的皱纹。

回忆往事，老人依然激动，想要给记者展示她右臂子弹擦过的伤疤，这伤痛的印记是命运的馈赠。

天气寒冷，一旁的保姆不让她解开棉衣，她却坚持，像又回到了14岁时的模样，解放军不让她上船，她却偷偷上船……

14 岁参加渡江突击队

1949年4月，中国人民解放军百万雄师横渡长江天险，打响了著名的渡江战役，"打过长江去，解放全中国"。当时年仅14岁的安徽无为渔家女孩，参加了这场战役，她就是被评为"一等渡江功臣"，并受到毛主席亲切接见的马毛姐。

1935年，马毛姐出生在无为县马家坝村，生长在江边一个贫苦渔民家庭，离长江仅五六里。马家坝靠近长江，沟汊纵横，湖泊密布，百姓大多以捕鱼为业。马毛姐家里除了低矮的小茅草屋和几亩薄田外，还有一只用以捕鱼的小木船，这就是全部家当。

1949年2月，中国人民解放军已解放了长江北岸无为地区，在无为的大小村落里，驻扎着20万准备渡江的解放军。无为民众挑米担柴，修路挖河，征用船只，忙着各项支前工作。当时，年仅14岁的马毛姐也积极参与其中，跟着哥哥去听动员会，并报名参加了渡江突击队。

在渡江战役准备阶段，无为四县（当时无为地区分为无为、临江、湖东、无南四县）共有100万人次从事了修路、挖河、抬担架、运输、站岗、放哨等各项支前工作。每天仅运输粮草就需民工5000人，持续40天。无为人民和解放军一起，为迎接全国解放，作出了巨大奉献。

"哥哥扯帆我掌舵"

1949年4月20日夜，渡江战役正式打响。中国人民解放军在西起湖口、东至江阴的千里战线上强渡长江，其中百万雄师"渡江第一船"就是从无为县白茆洲出发的。

当天晚上，马毛姐和哥哥划着船与其他3条船组成渡江突击队，载着30名解放军战士向长江南岸进发。当时，由于她年龄太小，上船被拒。

据马毛姐后来回忆："一个挎盒子枪的解放军见我是个小姑娘，说：'这怎么行，很危险，你不怕吗？'我说：'我不怕死。我会掌舵。我会划水。'我哥哥的眼睛不好，在船桅杆边扯帆，我一手掌舵，一手划桨，就这样，船只快速地向南岸破浪前进。"

据马毛姐说，她的右臂中枪受伤，但仍然坚持撑船，40多分钟后，船只到达长江南岸。马毛姐的英雄事迹，是渡江战役中无为人民英勇献身的一个缩影。

在渡江作战期间，无为地区共有3000多名水手与人民解放军一起，冒着敌人的炮火抵达长江南岸。他们中有的负伤仍然英勇奋战，不下火线，有的将生命永远献给了人民解放事业。陈毅元帅曾说过，淮海战役的胜利是老百姓用手推车推出来的。借用陈毅元帅这句话，完全可以说：渡江战役的胜利，是无数像马毛姐这样的老百姓用小木船划出来的。

渡江战役胜利后，马毛姐被授予"一等渡江功臣""支前模范"称号。据统计，在渡江战役中，无为地区共涌现出特等渡江英雄2人，特等渡江功臣1人，一等功臣296人，二等功臣429人，三等功臣973人，四等功臣499人，永载革命史册。

参加毛主席宴请

1951年9月20日，马毛姐收到毛泽东主席发来的请柬，她和其他代表一起在领导的带领下，高兴地登上了去北京的火车。9月29日晚，毛主席在中南海怀仁堂设宴欢迎进京参加国庆庆典的各省代表团成员。宴会上，马毛姐被皖北区代表团选为代表向毛主席敬酒。

10月3日，在怀仁堂，毛主席和中央领导与各地代表一起看戏。马毛姐做梦也没有想到，她竟坐在毛主席和周总理中间。开演前，周总理指着马毛姐，低声向毛主席说："主席，她就是您邀请来的渡江小英雄。"

第二天，毛主席又派车把马毛姐接到中南海。席间，主席说："你这么小就这么勇敢，不怕牺牲，很了不起，但不要骄傲，不要翘尾巴。"并不时为她夹菜，叫她多吃点儿，还问她识不识字，想不想在北京读书。那时她因年纪小想家，再加上省里已安排她回安徽上学，所以没有留在北京。

北京的秋天比较冷，毛主席看马毛姐衣服单薄，叫工作人员给她买了一套藏青色呢子服和学习用的金笔等物品。临别之时，毛主席将这些学习用品和一本精致的笔记本赠给她，并在扉页上写着——毛姐：好好学习，天天向上。

马毛姐感到遗憾的是，毛主席送给她的珍贵物品，她为了慎重，特地装入一个木箱锁好，存放在无为县乡下老家。1954年发大水时，受灾严重，装有毛主席赠送物品的木箱被洪水冲走了。灾后当地政府曾组织人仔细寻找，始终没有找到。每当谈及此事，马毛姐总是自责不已。

已逾杖朝之年的她，对于如今的幸福生活，仍不禁感叹"都是党和人民给的"。周末的时候，她会和儿孙们打打麻将，保持用脑。每天都会在社区遛弯,她也会跟周围的人们谈起那些以往的经历。用马毛姐女儿的话说,"只能说我母亲是幸运的,参加渡江战役的人,太多人牺牲了,而我母亲幸存了,所以才有今天。"

(作者:马启兵　综合整理:刘玉才)

中安在线 2019 年 9 月 26 日

王书茂
守好"祖宗海" 护好南大门

王书茂，男，汉族，1956年12月生，1996年6月入党，海南琼海人，海南省琼海市潭门镇潭门村党支部书记、村委会主任，潭门海上民兵连副连长，第十三届全国人大代表。为国护海的模范，先后参加多项国家重大涉海工作，参与南沙岛礁建设，培养南海维权民间力量。在南海维权斗争中冲锋在前，不怕牺牲、寸步不让，坚决捍卫我国领海主权和海洋权益。带领群众造大船、闯深海，发展休闲渔业、建起海洋民宿，实现共同致富。荣获"全国劳动模范"、"改革先锋"等称号。

"作为一名普通渔民,真没想到自己会获得'改革先锋'这么高的荣誉。"2018年12月18日下午,琼海市潭门海上民兵连副连长王书茂在接受记者采访时,抑制不住兴奋。

琼海市潭门镇,东面环海,南接博鳌,这里是王书茂的家乡。史料记载,潭门渔民自秦代开始便世世代代在南海打鱼,称南海为"祖宗海"。

今年62岁的王书茂,一辈子身体力行维护南海领土主权,为保护海洋权益作出了突出贡献。作为一名党员、民兵干部,他带领渔民勇闯远海捕鱼作业,成为潭门镇带头致富、带领群众致富的"双带"先进典型,荣获"全国劳动模范"称号。

与记者聊起此次入选"改革先锋"的感受,王书茂话语间透着坚定:"当我佩戴上'改革先锋'奖章时,深知这项荣誉的分量之重,它不只属于我个人,更是整个潭门海上民兵连的荣誉,是一代又一代守护南海渔民的荣誉。"

12月18日这天上午,王书茂坐在人民大会堂,聆听习近平主席发表重要讲话。他感慨道:"习主席的重要讲话是'定盘星',给我们指明了全面深化改革的奋进方向。我们潭门海上民兵连要继续守好'祖宗海'、护好南大门。"

1985年，潭门海上民兵连建立。连队组建33年来，先后20多次被各级评为"民兵工作先进单位""民兵基层建设先进单位""边海防工作先进单位"，被誉为"爱国主义的集体""开发建设南沙的先锋"。王书茂是土生土长的潭门人，熟悉当地社情民情，他加入民兵队伍后多次执行急难险重任务，每次上阵都冲锋在前，出色完成任务。

有一次，台风即将来临，民兵连接到上级指令，留20人值守渔港。王书茂组织民兵通知渔民做好防抗台风工作，在狂风暴雨中保护人民群众生命财产安全，成功将台风过境造成的损失减到最小。据统计，自担任民兵干部以来，王书茂共组织渔民抵御120余场台风，救援过600多名渔民。

在潭门，无论是民兵巡逻执勤，还是渔民出海打鱼，祖孙三代齐上阵是道亮丽风景线，王书茂家也不例外。1997年执行一项海上任务时，时任民兵排长的王书茂和60多岁的父亲以及18岁的儿子一同加入，在烈日酷暑、暴风骤雨中驾船往返，祖孙三代比干劲，谁也不输给谁。

就这样，从1985年到2018年，王书茂当了33年民兵，从一名年富力强的小伙变成一名花甲老人。如今，他依旧活跃在民兵连、训练场和渔船上。"作为海洋维权模范入选'改革先锋'，我要树立起先进典型的样子，带动大家继续守好'祖宗海'、护好南大门。"

（中国国防报记者　杜怡琼　通讯员　张　军）

《解放军报》（2018年12月27日　第3版）

王占山
百战老兵

王占山，男，汉族，1929年12月生，1948年8月入党，河北丰南人，河南省安阳军分区原副师职顾问，第四、五届全国人大代表。战功赫赫的百战老兵，先后参加辽沈、平津、衡宝、两广战役战斗和抗美援朝、对越自卫反击战，出生入死、英勇杀敌，4次受到毛主席亲切接见。在抗美援朝金城战役中，带领战友坚守阵地4天4夜，打退敌人38次进攻，歼敌400余人。离休后，情系国防事业，倾心传播红色革命基因。荣获志愿军"二级战斗英雄"荣誉称号和"全国离退休干部先进个人"等称号，被朝鲜授予"一级国旗勋章"。

92岁的老兵一身戎装，坐在轮椅上，授勋时挺起身姿，敬上了庄严的军礼。

6月29日上午，北京人民大会堂金色大厅，河南省安阳军分区原副师职顾问王占山作为全国29名优秀共产党员之一，接受中共中央总书记、国家主席、中央军委主席习近平颁授的党内最高荣誉——"七一勋章"。

"七一勋章"璀璨夺目，老英雄难掩激动之情，轻轻抚摸着说："感谢党和国家还记着我这个老兵！"

党不会忘记。共和国不会忘记。

王占山，8岁入儿童团，18岁入伍，19岁入党，在解放战争、抗美援朝和中越边境自卫还击作战中出生入死、屡立奇功，荣获志愿军"二级战斗英雄"等称号。

戎马生涯几十载，战火在他身上留下的38处伤疤，见证着老英雄坚定跟党走、为人民打江山的光辉历程。

一

1929 年,王占山出生在河北省唐山市丰南县(现为丰南区)的一个贫苦农民家庭。幼年的他,曾目睹日本鬼子的兽行,也亲历了中国共产党为乡亲们分田地、分粮食的情形。"共产党为穷人,共产党好"深深根植在他幼小的心灵里。

1947 年,王占山加入解放军;入伍第二年就找到连队指导员马占海,坚决要求入党。

"为啥要入党?"马占海问。

"因为共产党让乡亲们翻了身,吃上了饭。"王占山说。

"积极入党是好事,知道入党意味着什么吗?"

"意味着啥,我都不怕。"

"党员不靠说,要看做!"

经过考验的王占山 1948 年 8 月光荣地入了党。不久,平津战役打响,他的入党介绍人马占海冲锋在前,在攻打金汤桥的战斗中壮烈牺牲。金汤桥被攻克后,王占山所在连队仅剩 24 人,他们在桥上挥舞起胜利的战旗。

"共产党员就要作战勇敢,一不怕苦,二不怕死。为党牺牲,无比光荣。"王占山永远也忘不了指导员的教导。

跨过鸭绿江,要打出军威和国威。抗美援朝又是一次生死考验。

1953 年 7 月 18 日,朝鲜金城巨里室北山,抗美援朝最后一战——金城战役迎来关键一战。

小山洞里，战前动员大会正在进行。

"请把最重要的任务交给我！"24岁的排长王占山站了出来。

"人在阵地在，有进无退、寸土不让！"仅剩的76名战士，在他的带领下怒吼着。没有子弹就拿石头砸，一次又一次打退敌人的进攻。

久攻不下的敌军采取封锁战术，切断供应。面对几乎弹尽粮绝的困境，连队小战士们一下子没了谱，王占山说："咱们打死那么多敌人，他们身上都有枪弹，夜晚敌人不打了，咱们就下去摸，不就有救了。"

"我们摸了好几次，找回来18挺机枪、10多支步枪，还有一兜手榴弹；又摸进了敌人的伙房，找了半袋子萝卜、罐头，还有两盒烟哩。"讲起这段往事，老人嘿嘿笑了。

王占山，人如其名，牢牢占据了这座布满弹坑的山。

4天4夜，打退敌人38次进攻，歼敌400余人；全连仅剩6人，阵地却寸土未失。浑身是伤的王占山没等被送到医院就昏了过去，经过4天抢救，又从"鬼门关"爬了回来。

讲起那些惊心动魄的往事，老人平静得好像在讲述别人的故事，但想起战友，他的眼角已淌出泪水。

1958年，从朝鲜凯旋，王占山作为志愿军总部代表一员在北京受到毛泽东主席、周恩来总理亲切接见。

二

从战争年代一路走来，王占山常会想起那些身边的老百姓，他们自己都吃不饱饭，却会挤出半个玉米饼子、一块野菜饽饽塞给解放军战士。他说："军民鱼水情，咱共产党的部队能打胜仗离不开老百姓，作为党员，要报老百姓的恩。"

王占山退休后居住在安阳干休所，厚待他人的人格力量感染着所里的每个人。

"我刚到政工科工作，王老就送来一大堆书。我想掏钱给他，他说：'你只要把工作干好了，就是对我的回报'。"干休所政工科干事张鑫说。

"那天，他半夜牙疼，一直忍着没打电话，第二天自己来到了医务室。他说：'黑灯瞎火让小姑娘跑啥'。"医务室护士曹小静说。

"他问我工资多少，我说'七千六'，他听成了'一千六'，当天下午就跑到所长那里给我'讨薪'，还说'如果组织有困难，就把我的工资匀给她一部分'。"医务室医生侯秋岩说。

关心别人的王占山，却甘守清简。

他的房间再寻常不过：上世纪八九十年代的装修，摆着几件老家具；衣柜里，衣服没几件，全是简单款式，一身军装叠得整整齐齐；家里最抢眼的就是满墙的老照片，见证着他一生的荣光。

干休所按规定配给他的车他不用，外出总爱骑辆自行车，还开玩笑说："这是我的'专车'。""专车"直到他85岁时才"退休"。

一次，他感到身体不适，情急之下前往驻地医院就诊。他嘱咐道：住普通病房、开普通药。

"那么多战友都牺牲了，我能活着够幸运了，不能再给组织添麻烦。"王占山说。

不爱给组织添麻烦,却爱"自找麻烦"。

有段时间,王占山听说干休所有人反映公车使用有问题,立马就从家里搬个小马扎,往大门口一坐,数着进出车辆,每出入一辆车,就往小本子上画一道,这一坐就是一个月。后来,干休所根据他的意见,制定了严格的公务用车办法,确定了"不准批近用远、不准中途拐弯"等"八不准"。

三

"七一"前夕,在安阳市三官庙小学,众人齐声高唱《没有共产党就没有新中国》。人群中,手摇国旗的王占山格外显眼。

退休后的王占山担任了安阳军分区关心下一代委员会常务副主任,被 10 多所大中小学校聘为校外辅导员。

"我在儿童团的时候,被日本鬼子围上了,让我唱歌,我就唱'儿童抗战个个有精神,齐心努力全力打日本……'鬼子一听,把我两腿提溜起来就往水里淹。"他的故事深深地打动了孩子们。

记者采访他那天,正临近高考,老人让记者录下他想对学子们说的几句话:"学习是你们当前的战斗任务,学习就是战场。老一辈流血流汗,现在不用流血、流汗,就是需要你们好好学习,立志成才,把智慧献给社会,把我们国家建设得越来越好!"

王占山爱穿带兜的军装,兜里装着钱,那钱是党费。每个月,他都会提前到干休所交给组织;国家一有大事,他准会送来"特殊党费"——

两千、三千、五千不等,他也记不清交了多少回。

"他前半辈子光想着打仗;后半辈子,就想着还能给党和国家做点啥。"王占山的妻子席蕴兰这样评价老伴儿。

王占山家的窗台上摆着一个相框,里面是张抗美援朝时的喜报,纸张泛黄还残缺一角,上面写着"一等功"三个大字。

"喜报原来一直在老家唐山,他从没问过,一直到去年老家媒体来采访,才把它捎回来了。"席蕴兰说。

100年来,一代又一代中国共产党人,为赢得民族独立和人民解放、实现国家富强和人民幸福,前仆后继、浴血奋战、艰苦奋斗、无私奉献,谱写了气吞山河的英雄壮歌。战功赫赫的百战老兵王占山和无数英雄一样,是我们最值得尊敬的共产党人。

(河南日报记者 朱殿勇 周晓荷)

《河南日报》(2021年6月30日 第6版)

王兰花
一朵兰花　一群红马甲　温暖一座城

王兰花，女，回族，1950年6月生，1995年11月入党，宁夏吴忠人，宁夏回族自治区吴忠市利通区金星镇王兰花热心小组党支部书记、王兰花热心小组慈善协会会长。群众心中的"活雷锋"，把解决社区居民的操心事烦心事揪心事作为毕生事业，十多年如一日坚持志愿服务。带领王兰花热心小组先后为居民解决各类困难7000多件，调解各类民事纠纷600多起，开展公益活动7000多场次，推动利通区志愿者从最初7人发展到6.5万余人。荣获"全国民族团结进步模范个人"、"全国三八红旗手标兵"等称号。

走在宁夏吴忠的大街小巷，总能看到志愿者在帮助交警疏导交通、为社区群众排忧解难、清除街道墙面上的"牛皮癣"、小区楼道垃圾……广大志愿者满腔热情，用实际行动贡献着自己的一份力量，随着志愿者队伍不断壮大，吴忠也愈加美丽、文明与和谐。

2020年6月8日，习近平总书记在宁夏视察调研，来到吴忠市利通区金星镇金花园社区，并为社区志愿者点赞。他说，你们的经验很好，真正体现了行胜于言。社会主义是干出来的，各族群众要一起努力，志愿者要充分发挥作用，谢谢你们的努力和贡献。

"有一分热发一分光，习近平总书记的殷切希望，将成为我继续做好志愿服务的动力。"第一次以志愿者身份与习近平总书记面对面交流，吴忠市王兰花热心小组慈善协会负责人王兰花非常激动，十几年来，她是这么说的，也是这么做的。

热心效应　让志愿服务满园芬芳

8月14日下午3点，王兰花和热心小组成员在吴忠裕西小区做完安全宣传，汗流浃背地回到该小区的"兰花志愿服务之家"。

王兰花推开门，在门口的毯子上跺了跺脚上的泥土，对工作人员马晶笑着说："小马，这个毯子该洗洗了，你看，越跺鞋上的土越多么。"

"王奶奶，我前天刚洗的，主要你们在小区里太能转悠了，每天带回两斤土，哈哈……"马晶调侃着说。

原来，近段时间，裕西小区正在进行老旧小区改造，大小道路都要重新硬化，路面全是沙土。

"这几天，小区里到处都在施工，各类工程车辆也多，王奶奶和热心小组成员天天在小区里向居民宣传施工期间需要注意的安全事项。"马晶说。

拿上清扫工具后，王兰花和热心小组成员又匆忙来到小区周边街道开展志愿服务活动，进行卫生整治、文明劝导、文明监督等工作……

王兰花做的这一切，让热心小组成员唐莉红看在眼里，疼在心里："王姐都70岁的人了，天天还坚持和大家一起开展志愿服务活动，让人佩服又让人心疼。"

唐莉红感慨道，从春节前到现在，王兰花一直忙碌奔波着，节前，她带领小组成员慰问帮扶困难群众；新冠肺炎疫情防控期间，她主动联系社区，号召小组成员加入防疫一线，成为社区疫情防控的排查员、宣传员、执勤员和监测员，充当起疫情防控"多面手"；现在，她又天天为社区环境治理等工作在小区里跑趟趟。

当天下午5点30分，王兰花和热心小组成员再次拖着疲惫的身体回到"兰花志愿服务之家"，其他成员都陆续换了衣服准备回家，而王兰花却连汗水浸透后背的红马甲都没顾上脱，又拿出了电话。

"喂，小兰，你刚给我打电话了？我们在街上搞卫生，没听见。"

"王姨妈，这几天天气热，您要注意身体啊！我没有打电话，是乐乐打的。他好久没见您了，挺想您的，我把电话给乐乐……"

电话中的小兰是利通区金银滩镇团庄村九组白血病儿童马天乐的母亲哈小兰。

2008年3月6日，王兰花接到一个求助电话，哈小兰在电话那头号啕大哭："姨妈呀，我的娃得了白血病，快不行了，您救救我的孩子吧。"王兰花吃了一惊，赶紧劝慰对方。

经了解，孩子11天没进食了，喝水就吐。家里把能卖的都卖了，能借的都借遍了，钱花光了，孩子的病情也不见好。很快，王兰花热心小组的一张"志愿者便民服务卡"让马天乐的家人燃起了希望。随后，王兰花陪其家属带着孩子到自治区附属医院看病。次日凌晨1点，马天乐的病情终于有了好转。王兰花和哈小兰把孩子交给其奶奶照顾，她俩连夜赶回吴忠给孩子筹集救命款。经过一年零两个月的东奔西跑，王兰花争取到社会各界人士的爱心捐款共计13.12万元，挽救了一条鲜活的小生命。马天乐如今已经是一名初中生，病情得到了有效控制。

"这些年，王姨妈一直帮助俺家，除了给乐乐看病，还帮我申请廉租房、找工作，给小女儿联系学校，王姨妈就是娃娃们的亲奶奶！"哈小兰说。

"人退休了，思想觉悟不能退休。"王兰花在利通区裕西社区居委会工作了20年，退休后，她主动做起了志愿服务，并于2005年成立了吴忠市首个社区志愿服务小组——王兰花热心小组。

"谁家的娃因贫困上不了学，她跑前跑后给张罗；谁家有个重病致残的，她想方设法筹集善款全力资助；谁家有个解不开的疙瘩纠纷，她主动上门协调解决。她的点点滴滴无不感动着我们、激励着我们。"说起一起共事15年的王兰花，热心小组成员郭淑玲有太多的感动。

十几年来，王兰花和热心小组成员接待群众热心、调查了解细心、教育疏导诚心、调解纠纷耐心、处理问题公心，为社区居民做好事、办实事、解难事。社区的事情繁杂琐碎，王兰花通过记日记的方式，把居民日常反映的问题和亟待解决的困难记录下来，一件一件落实。

品牌引领　让志愿服务开花结果

鲁迅说，能做事的做事，能发声的发声。有一分热，发一分光，就如萤火一般，也可以在黑暗里发一点光，不必等候炬火。

王兰花和她的热心小组像一块磁铁，吸引着越来越多的志愿者加入，投身于服务群众、社会治理和经济发展之中，他们像一盏盏"小桔灯"，在志愿服务的道路上为更多人引路。

2019年，利通区成立"兰花芬芳"志愿服务总队，注册登记志愿者已达8.9万人，志愿服务组织发展呈现出燎原之势。

8月13日，在利通区板桥乡巷道村新时代文明实践站，扁担沟镇烽火墩村的马佳慧及东塔寺乡柴园村的马丽娟,不约而同为吴忠市吉财慈善协会送来写有"爱心助学情深 关爱学子意浓"字样的锦旗,表示感谢。

"只要你们现在好好学习,将来好好回报社会,就是对我们最大的感谢!"吴忠市吉财慈善协会会长马吉财接过锦旗说,"这都是协会应该做的,咱们协会以后定个原则,不收锦旗,只收'心愿'。"

前不久,板桥乡巷道村新时代文明实践站举办"温暖关怀 金秋助学"捐资助学活动,志愿服务队志愿者、吉财慈善协会会员筹措 4.2 万元,为利通区 21 名贫困大学生发放助学金,马佳慧、马丽娟就是其中的受助学生。

在协会的刺绣工作室,巷道村五组村民马平正在认真绣鞋垫。

"我在工作室上班快两年了,除了打理爱心超市,还可以在这里做刺绣及手工艺品,协会每月给我 500 块钱的工资,做工艺品卖的钱也是我个人的。可能大家会觉得这份工作收入很低,但对于我来说,在这里我能实现人生价值。虽然身体残疾,但我有了面对生活困境的勇气。"马平表示,多年来,马吉财一直帮助她及家人。现在,她也要用自己的双手回报社会,帮助更多的人。

今年 22 岁的马平,父亲早逝、母亲聋哑,患有先天残疾的她成了这个家最大的"包袱"。

"多亏了马叔和那些好心人的帮助,我才有钱去医院做手术,才能下地走路并有份工作。"从 7 年前只能躺卧在床上,到现在能拄着双拐行走,马平对马吉财充满了感激之情。

马平的受助经历也只是马吉财帮助乡亲的一个缩影。2016年,马吉财成立了慈善协会,带动协会的志愿者积极与弱困家庭结成对子,定期开展"一对一""一对多"及"多对一"志愿帮扶活动。

目前,该协会已有入会成员2000余名,从事慈善活动的志愿者600余人,累计筹集和发放善款物资逾500万元,马吉财个人捐助善款超过150万元。

——吴忠市春蕾天使爱心会开展"黑眼睛"病残涉毒人员子女帮扶行动志愿服务,有效解决病残涉毒人员家庭存在的实际困难;

——青铜峡市陈袁滩镇开展红草帽"保护母亲河·青年在行动"志愿服务,当好"宣传员""巡查员""清洁员",践行生态文明理念,共同守护母亲河;

——盐池县个体户和私营企业理发师组成志愿服务队,开展"月月有光彩"志愿服务,14年来为6.6万余名群众义务理发;

——团同心县委以大学生西部计划志愿者和青年志愿者为骨干,开展"金蓝领"扶贫车间青年志愿服务活动,为脱贫攻坚助力……

目前,吴忠市注册志愿者人数27.51万人,占居民人数的19.6%;累计注册志愿服务组织1689个,实施志愿服务项目3.34万个,志愿服务总时长达1135.94万小时。

如今,"我为人人、人人为我"的志愿"兰花"开遍吴忠,志愿服务内容有效拓展,志愿服务积分制日趋完善,已成为吴忠市乃至宁夏一个响当当的志愿服务品牌,温暖着每一个角落。

制度护航　让志愿服务行稳致远

要让志愿服务具有持续的生命力，需形成常态长效的志愿服务体系和管理机制。在吴忠，"有困难找志愿者，有时间做志愿者"的氛围渐浓，一切都来源于吴忠市在加强志愿服务制度体系建设方面的积极探索。

突遇大雨时的一把"爱心雨伞"、凛冽寒冬里的一杯"暖心开水"、烈日当头时的一个"休憩驿站"……在吴忠，走进各志愿服务站点，就像走进了"百宝箱"。

"我愿意成为一名光荣的志愿者，我承诺，尽己所能帮助他人，服务社会……"8月14日，在吴忠宪法公园新建的志愿者服务驿站里，电脑、打印机、办公桌、档案柜、衣帽架、雨伞及伞架、急救包、便民服务箱一应俱全，墙面悬挂着《志愿服务规范》《"学雷锋"志愿服务站工作制度》《志愿服务人员名单》，张贴着《社会主义核心价值观》《便民服务项目》等宣传画。连日来，吴忠市湿地保护管理中心安排职工做好该志愿服务驿站的值班工作。

无独有偶，在市政务服务中心大厅，宽敞明亮的环境，鲜红醒目的标识，细心周到的配置……志愿服务站这只"麻雀"虽小，却五脏俱全，站内长期有志愿者驻守，提供热水、雨伞、常用药品、失物招领等爱心服务，为市民和游客提供方便，传递爱心和温暖。

同时，志愿者们还利用服务站向前来办理业务的群众发放吴忠市创建全国文明城市宣传材料、讲解创建全国文明城市的重要意义，提高市民的参与率与知晓率。

街角巷头随处可见的"小站点",映射着这座城市的大文明。

"2020年以来,我们围绕'志愿之城'创建目标,进一步加强了志愿服务站点建设和规范志愿服务活动,按照'六有一落实'标准,在2019年11个市级志愿服务站点的基础上,指导责任单位在市区各医院、商场超市、公园广场、通信营业厅、教育机构、银行网点、宾馆饭店、公共服务场馆、车站等地新建志愿服务站点139个。"吴忠市民政局局长杨桂琴表示,把志愿服务集中起来、把站点布局扩散开来,志愿者们有了固定的阵地和窗口,才能更好地发挥作用。

《吴忠市文明行为促进条例》的实施,使志愿服务有了法律的护航;

《吴忠市志愿服务嘉许与回馈制度》的出台,在进一步规范志愿服务工作的同时,提升了志愿者的荣誉感和获得感;

吴忠市为全市注册志愿者统一购买人身意外伤害保险,打造志愿者"平安护身符",让他们能够安心地投入到志愿服务活动;

建立了志愿者培训制度,对志愿者进行系统化培训和专业指导,让志愿者们在帮助别人的同时也实现了自我成长;大力推广全国志愿服务信息系统应用,提升志愿服务质量,打造志愿服务品牌……

良好的机制让人们的爱心行动时时可为、处处可为、人人可为,也让志愿者队伍不断壮大。

同时,吴忠市还制订出台《关于进一步推进我市志愿服务制度化规范化常态化的实施意见》,健全登记注册、服务记录、关系转接、褒奖激励等制度突出需求导向,推动了各类志愿服务项目常态化。这些年,吴忠市获全国志愿服务项目大赛金奖3项、银奖6项,获得自治区志愿服务项目大赛金奖6项、银奖7项,"志愿之城"的名片效应不断凸显。

一花独放不是春,百花齐放春满园。

志愿服务作为一项神圣而高尚的社会公益事业,需要全社会的共同努力,才能营造出我为人人、人人为我的和谐氛围。

(吴忠日报记者 杨 娜)

《吴忠日报》(2020年8月19日)

艾爱国
一辈子当个好工人

艾爱国,男,汉族,1950年3月生,1985年6月入党,湖南攸县人,湖南华菱湘潭钢铁有限公司焊接顾问,湖南省焊接协会监事长,党的十五大代表,第七届全国人大代表。工匠精神的杰出代表,秉持"做事情要做到极致、做工人要做到最好"的信念,在焊工岗位奉献50多年,集丰厚的理论素养和操作技能于一身,多次参与我国重大项目焊接技术攻关,攻克数百个焊接技术难关。作为我国焊接领域领军人,倾心传艺,在全国培养焊接技术人才600多名。荣获"全国劳动模范"、"全国十大杰出工人"等称号。

近日,一则令人振奋的消息在华菱湘钢传开,焊工高级技师、年过古稀的艾爱国,成为第八届全国道德模范候选人,并入选"七一勋章"提名建议人选名单。

考取"两证"

1968年,18岁的攸县小伙艾爱国被招工到湘钢。临行前一晚,父亲与艾爱国促膝长谈:"当工人就一定要当个好工人,既要钻研技术,在思想政治上也要追求进步,争取早日入党。"

刚进厂,艾爱国被分配当管道工,经常在野外作业,工作条件十分艰苦。艾爱国说,自己运气好,与北京二建支援湘钢建设的焊工共事,这才有机会接触焊接。

当时,焊工是十分吃香的工种。艾爱国很珍惜这样的学习机会,悉心向师傅讨教,坚持日学夜练,不到一年,他就能独自作业。在北京二建师傅极力推荐下,艾爱国转岗成了一名焊工。

艾爱国转岗的事,通过书信传到攸县老家。父亲在回信中勉励他好好干,把握机会,钻研技术。焊接的材料上万种,焊接方法也不下百种。艾爱国吃苦耐劳、踏实肯干,技术进步很快。

1982年,艾爱国以8项考核全部优异的成绩,考取了气焊、电焊合格证,成为当时湘潭市唯一持有"两证"的焊工。

好"焊"炼成

持证上岗后,艾爱国遇到了难题。当时湘钢高炉鼓风通道的一处风口烧损特别严重。将风口的锻造紫铜与铸造紫铜牢固地焊接在一起,是该项目的最大难点。

艾爱国主动请缨参与攻关。在多次失败后,艾爱国创新性采用当时尚未普及的氩弧焊工艺焊接,将交流氩弧焊机改造成直流焊机,对焊枪进行改装,使之能承受高温。

经3个多月努力,艾爱国成功了。这次攻关,艾爱国在冶金行业"一炮而红",焊接方面的难题"不请自来",让他积累了不少实操经验。凭借锲而不舍、勇于钻研的精神,1984年,艾爱国被评为厂劳模。第二年,艾爱国向党组织递交入党申请书。

支援首都钢铁公司3万立方米制氧机安装、仰位补焊意大利进口糖化铜锅、帮助解决某重大机械0.2平方米紫铜导板上密集施焊问题……在随后的几十年里,艾爱国为我国冶金、矿山、机械、电力等行业攻克技术难题400多个,改进工艺100多项,申报国家专利6项,获国家发明专利1项。

一座"高峰"

在焊工领域,艾爱国已成为一座高峰。但他说:"活到老,学到老,还有三分学不透。"退休前两年,他成立工作室,主要带徒弟,进行产品焊接性能实验。

有人劝他,不要把什么都教给徒弟,要留点后手。艾爱国不这么想,他说,徒弟技能比师傅好,证明师傅教徒有方,是一桩美事。湘钢技师、高级技师、高级工以上级别焊工,80%跟艾爱国学过技术。他们当中,有的享受国务院特殊津贴,有的获得全国"五一劳动奖章",有的是省劳模、省"五一劳动奖章"获得者、省"三八红旗手"等。

如今,71岁的艾爱国仍奋斗在湘钢生产科研一线,每天骑自行车上下班,不讲究吃穿。有人问他:"你不断攀登技术高峰,生活上却几十年如一日,依照的是什么标准?"艾爱国回答:"一名共产党员的标准。"

(湖南日报·新湖南客户端记者 曾佰龙 通讯员 陈姿雯)

《湖南日报》(2021年6月14日 第3版)

石光银
茫茫沙海上书写绿色传奇

石光银，男，汉族，1952年2月生，1973年7月入党，陕西定边人，陕西省定边县定边街道十里沙村党总支原书记、陕西石光银治沙集团有限公司董事长，党的十八大代表，第十三届全国人大代表。治沙造林事业的模范代表，与荒沙碱滩不屈抗争40多年，在毛乌素沙漠南缘营造一条长百余里的绿色长城，彻底改变"沙进人退"的恶劣环境。将治沙与致富相结合，创造"公司＋农户＋基地"的新模式，帮助沙区群众脱贫致富。荣获"全国劳动模范"、"全国治沙英雄"等称号。

不久前,陕西省林业局发布消息称,陕西榆林沙化土地治理率已达93.24%,这意味着中国四大沙地之一的毛乌素沙漠,即将从陕西版图上"消失"。

在蒙语中,"毛乌素"意为"坏水""寸草不生之地"。出生在毛乌素沙漠南缘榆林市定边县原海子梁乡的石光银,一生都在同沙漠、同贫困作斗争,誓将沙地变绿洲,带领这里祖祖辈辈受风沙侵害、受贫瘠土地所困的乡亲们,拼出一条致富路。

恶沙不除,穷根难拔

"飞沙走石家无粮,人老几辈住坏房。满村光棍无婆姨,有女不嫁海子梁……"海子梁乡曾经流传的一段顺口溜,将过去这里的贫困情状展露无遗。

石光银的童年记忆里,漫天肆虐的风沙吞噬着庄稼和房屋,乡亲们总是被风沙撵着跑,父母无奈下带着他搬了九次家。7岁那年,石光银和邻家一个5岁的男孩虎娃在野外放羊时,遭遇了突如其来的沙尘暴,昏天暗地里两个孩子被裹挟着失散。三天后，家人在 30 里外的内蒙古一位牧民家里找到了石光银，而曾经活蹦乱跳的虎娃却不知被风沙埋到了哪里，再也没有回来……这些痛苦的经历让少年的石光银恨透了风沙，立誓长大后一定要制服"沙魔"。

但制服"沙魔"哪有那么容易？世代饱受风沙之害的乡亲们都束手无策，石光银却偏偏要站出来"扭转乾坤"。"我们村自然条件很差，既有沙窝子，又有碱滩地。小时候吃不饱肚子是常有的事，像树皮、玉米芯子、糠、沙柳籽，这些我都吃过。"石光银说，一场风沙，能把新入地的种子吹得颗粒无存，把茁壮的秧苗吹得秆断叶无。就算是一般的年景，地里的庄稼也得种个三四茬才行。这让石光银坚信，如果不治沙，这里什么产业都发展不了，将永远陷在贫困的漩涡里。

终于，机会来了。1984 年，国家出台政策，允许农民承包治理"五荒地"。"那会儿我在海子梁乡农场当场长，这在当时可是'铁饭碗'，一个月能挣四五十块钱。但看到文件的那一刻我就知道，我想干的事情来了：治沙就是我想干、要干的事。"石光银要扔了"铁饭碗"去治沙！这在家人和乡亲们眼里简直是"疯了"，好多人嘲笑他是傻子、是"石灰锤"。但石光银认准的事儿，九头牛也拉不回！这一年，他同海子梁乡政府签订了合同，承包治理 3000 亩荒沙，成为榆林地区承包治沙第一人。

"恶沙不除，穷根不拔，我枉活一世！"从此，石光银一头扎进茫茫沙海，一心治理荒沙、植树造林，"我想要让群众过上好日子，就一定要把沙治住、林造起！"

"愚公"治沙，如何"变现"？

要治沙致富，不是仅有一腔热血便可成事，资金、劳力短缺等问题都是横在石光银面前的"大山"。

在风刮沙动的荒沙梁上栽树，就是给沙窝里撒钱，撒出去容易、收回来难。但石光银只有一个心思："治沙不光为个人，冒些风险也值，只要沙治住了，树栽活了，就是最大的贡献！"为筹措资金，石光银咬咬牙，顾不上妻女的哀求，把家里赖以生存的 84 只羊、一头骡子赶走卖了。其他被说动一同治沙的乡亲们也纷纷变卖家畜，大家东借西凑，终于凑够了买树苗的钱。

就这样，石光银带领乡亲们在承包的 3000 亩荒沙地上全部栽上旱柳、沙柳、杨树。这一年天公作美雨水好，树木成活率达到 85% 以上，治沙首战告捷。随后，石光银又一鼓作气与县长茂滩林场签订了承包治理 5.8 万亩荒沙的合同。但这 5.8 万亩荒沙中，有大小沙梁上千座，其中难度最大的特大沙梁——狼窝沙地形复杂，环境恶劣，地表温度夏季高达 60 多度、冬季低至零下 40 多度，要在这里把树栽活，难度可想而知。

为进一步扩大治沙力量，石光银贴出了"招贤榜"，号召十里八乡的百姓一起治沙，队伍迅速壮大。但这么多人，要是资金投进去没效益，让大家穷上加穷，他难以向父老乡亲交代。于是，石光银成立了新兴林牧场，把股份制引入治沙中来，户户有股、按股分红，大大激发了大家的积极性。

1986年，石光银带领乡亲们拉开了"大战狼窝沙"的序幕。那些日子，大家吃的是被风吹得又干又硬的玉米馍，喝的是沙坑里澄出来的沙糊糊水，住的是柳条和塑料布搭的庵子。风吹、日晒、沙烤，大家的脸都被晒得黢黑，嘴上起火泡，眼里布满血丝。然而，这年十多次六级以上大风致使栽上的树苗90%被毁，所有付出都打了水漂。石光银强忍着悲痛，鼓舞大家振作起来。第二年，他又带领大伙干了一个春天，但80%的树苗又被风沙毁掉。石光银不屈服，他意识到"治沙不能蛮干，也要讲高科技"，于是吸取教训，到其他地方学习治沙经验。1988年春，他带领乡亲们第三次奋战狼窝沙，采用学来的"障蔽治沙法"，终于取得了胜利，树木成活率达到80%左右。看到从沙窝里出来时如同"野人"般的石光银，妻子心疼得放声大哭。

就是凭着这种敢想敢干、坚韧不拔的"愚公"精神，石光银带领乡亲们硬是让肆虐的黄沙一步步向绿荫低头。但他清楚，要想持续推进治沙事业，必须"向沙漠要效益"。

经过几年的摸索，石光银和团队研究采用"公司+农户+基地"的经营发展模式，带领当地百姓大力发展林草经济和畜牧产业，走出了一条集荒沙治理、苗木培育、畜牧养殖、休闲旅游等产业于一体的综合发展之路，先后办起秀美林场、百头肉牛示范牧场、三千吨安全饲料加工厂、林业技术培训中心、月牙湖旅游景点等10多项经济实体，把治沙与致富紧密结合起来。

如今，沙窝窝变成了"金饽饽"，百姓的腰包鼓了起来，大家治沙的积极性更加高涨，更多沙海"愚公"聚集在一起，治沙与致富形成了良性循环。

扶贫帮困，共同致富

治沙最终是为了让乡亲们都能过上好日子，这也是石光银最大的心愿和奋斗目标。

从1997年开始，石光银积极响应政府号召，劝说定边白于山区最贫困的50户272人逐渐迁出大山，成立十里沙行政新村。他在已承包治理好的沙地上无偿给每户划拨3亩宅基地，带领他们打水井、盖房子、架电线、发展养殖业，逐渐走出了贫困。"山区生产条件差，老百姓吃水都吃不上，只有搬出来才能致富。且治沙造林也需要人手，他们搬过来在我们公司干活，也有工资保证。"石光银说。

在扶贫帮困过程中，石光银进一步意识到，知识水平和思想觉悟也是影响脱贫的重要因素。"治贫先治愚。我们这一代人不识字的多，像我一天书也没念过，就认识几个名字，吃了没文化的亏。但现在的娃娃要是还不识字，思想觉悟和文明素质上不去，再继续治沙造林就困难得多。"

看着当地很多适龄儿童没学上，石光银心里很不是滋味。他自筹资金，先后建起荒沙小学和光银希望小学，解决了当地孩子上学难的问题。荒沙小学开学那天，沙窝里20多户全家出动，如过节般来到学校庆祝，石光银心里别提多高兴了。

除了吃住和教育问题，还有一件事卡在石光银心头。随着治沙造林的推进，当地生态环境和生产条件得到极大改善，农副产品品种多、质量好。但因为不通公路，车辆进不来，产品运不出去，大大制约了当地百姓致富奔小康。石光银看在眼里急在心上，最终决定自己垫资500多万，修通了定边至海子梁的砂石公路，如今这条路也变成了群众口中的"致富路"。

数十年如一日，石光银就这样闷头治沙种树，一心一意带领大家脱贫致富。据不完全统计，石光银共帮扶300多户、1000多人脱贫，捐款捐物更是不计其数。

"生命不息，治沙不止"

石光银的一辈子，与治沙种树牢牢绑在了一起。但所有与此有关的记忆里，他最不愿提起的就是2008年的植树节。就在这一天，石光银的儿子在从银川调运树苗的归途中意外发生车祸，不幸去世。然而安葬爱子后的第三天，石光银又义无反顾地出现在治沙的"战场"上，和往常一样扛苗、挖坑……在别人看来，石光银是敢与天斗、与地斗，敢将"沙魔"踩在脚下的英雄，但他同时也是一位慈爱的父亲。他把对儿子的思念与不舍深深埋进心里，化为了继续治沙造林的强大动力。

三十多年来，他带领乡亲们历经千辛万苦，在25万亩荒沙、碱滩上种活了5300多万株（丛）乔灌木林，在毛乌素沙漠南缘筑起一条长百余里的"绿色长城"，彻底改变了"沙进人退"的恶劣环境，扭转了"因沙致穷"的千年困局。

如今，总有人劝年近70岁的石光银可以歇歇了。但这位新中国成立以来的第一位"全国治沙英雄"，依然不改"全国劳动模范"的风范，语气坚定地说："生命不息，治沙不止。我活多长时间，治沙就用多少时间！"

2018年，石光银当选为第十三届全国人大代表。在这之前，他已连任过多届省、市、县级人大代表。作为一名老党员、老代表，石光银始终坚守初心、牢记使命。"人大代表要把人民装在心里头，宣传好党的路线方针政策，带领群众脱贫致富，真正发挥好人大代表的作用。"石光银的话语中依然充满干劲，就像那仍在"成长"中的沙漠绿洲焕发着盎然生机。

(《中国人大》记者　王晓琳)

《中国人大》(2020年第15期)

吕其明
不朽的旋律不朽的歌

吕其明，男，汉族，1930年5月生，1945年9月入党，安徽无为人，上海电影制片厂艺术委员会原副主任。新中国培养的第一批交响乐作曲家，著名电影音乐作曲家，坚持歌颂党、歌颂祖国、歌颂劳动人民。70年来先后为《铁道游击队》、《焦裕禄》、《雷雨》等200多部（集）影视剧作曲，创作《红旗颂》、《使命》等10余部大中型交响乐作品，300多首歌曲，《弹起我心爱的土琵琶》等歌曲广为传唱。荣获"全国离退休干部先进个人"等称号和"中国音乐金钟奖终身成就奖"。

管弦乐序曲《红旗颂》自 20 世纪 60 年代首演以来，其优美的颂歌主题和一往无前的气势激励和影响了一代又一代的中国人。这部作品还经常被电影、纪录片、电视片、文艺广播、新闻报道和各种庆典活动作为背景音乐所广泛引用，成为我国音乐舞台上演率最高、广播电视播放次数最多的音乐作品之一。40 多年来，《红旗颂》已经与亿万人民产生共鸣，成了时代的强音。

83 岁的吕其明老人，已经记不清自己到底听过多少遍《红旗颂》了。但每一次当《红旗颂》那激越高昂的旋律响起时，便像 47 年前的那个春天伴着热泪写下这部作品时一样，他仿佛又看到，鲜艳的五星红旗在激昂的国歌声中，正迎着东方旭日和满天霞光冉冉升起。

吕其明写下这部感人至深、催人奋发的作品时才 35 岁。如果只是聆听音乐而不了解作者，谁又能想到吕其明完成这部史诗般的红旗颂歌时，是如此的年轻。这部交织着血与火、奋斗与牺牲、信念与追求、沉思与激情、胜利与光明的交响诗篇，似乎与他年轻的生命隔着一段距离。其实，吕其明正是用他对红旗最为直接和深刻的生命体验，写就了这部歌颂中华民族、中国共产党人、革命军队和人民共和国的华彩乐章。

贺绿汀引他走上了创作之路

吕其明为很多革命题材电影谱写的音乐作品，都带有强烈的抒情色彩以及对革命时代的一种激情，这与他10岁便参加革命的军旅生活不无关系。吕其明说："我1930年出生，1940年就参加了新四军。有很多朋友都这样问我，那时候是不是很有觉悟去抗日打鬼子。其实不完全是这样，我参加新四军主要是因为父亲是革命队伍中的一员，是他带着我们全家参加了革命。"

从参加革命到新中国诞生，整整9年，吕其明从一个10岁的孩童成长为一个有理想有信念的革命青年。吕其明11岁时，父亲将一把名为"掌心雷"的小巧精致的德国手枪送给他，鼓励他英勇斗争；15岁时，他在党旗下庄严宣誓，成了战争年代为数不多的青年共产党员；17岁时，他已经成了"老兵"，带着一个营的新兵走上了前线。

吕其明对音乐产生喜爱、受到启蒙，也是在这段抗日战争的日子里。

那是1942年的春夏之交，大音乐家贺绿汀从上海来到淮南抗日根据地，为其开展音乐指导工作。一个皓月当空的晚上，贺绿汀在树下练小提琴，发现不远处坐着一个孩子，正在全神贯注地聆听他拉贝多芬的《小步舞曲》。"原来世界上还有这么美妙的音乐！"一曲终了，他还沉浸在迷醉的状态中。贺绿汀走过来亲切地问，你叫什么名字啊，多大了?他一一作了回答。当贺绿汀知道他只有 12 岁时,便对他说:"你让父亲想办法为你买一把小提琴吧,你现正是学琴的好时候。""可以说从那个时候起,我就得了小提琴的相思病。"相隔 67 年,吕其明还清楚地记得当时的那一幕。

3 个月后,贺绿汀去了延安。但贺老师的鼓励在吕其明幼小的心里埋下了音乐的种子,促使吕其明走上了音乐创作的道路。

弹起我心爱的土琵琶

1949 年冬,上海电影制片厂在刚刚解放的上海诞生,吕其明随他所在的华东军区文工团集体转业到上海电影制片厂。那时,他的主业是拉小提琴,直到 1951 年因管弦乐团解散而调入北京电影制片厂任电影作曲,几年后他又重新回到上影厂,开始为故事片作曲。1956 年,他完成了《铁道游击队》和《家》两部影片的音乐创作,其中一曲优美动人的《弹起我心爱的土琵琶》至今仍在人民大众中广为流传。

仅 1958 年一年中,吕其明就相继完成了《铁窗烈火》等 7 部影片的音乐作品。此时,只读过 4 年书,10 岁参军、15 岁入党的吕其明深感只有进行更多学习,才能跟上快速迈进的时代步伐,才能用才华和勤奋为人民服务。在组织的关怀下,他于 1959 年进入上海音乐学院学习,并在随后的几年里相继完成了故事片《红日》(合作)、《白求恩大夫》、《霓虹灯下的哨兵》的音乐创作,同时他还创作了交响乐《郑成功》(合作)、交响诗《铁道游击队》等,用音乐谱写了一部又一部共产党人和革命英雄的动人诗篇。

在20世纪五六十年代，非常讲究集体创作。《铁道游击队》的歌曲应该怎么写，摄制组有不同的声音。有人提议写成进行曲，以表现铁道游击队的革命英雄气概；有人建议要写得浪漫一点……而从战争年代一路走来的吕其明却认为，游击队员不过是"身穿百姓衣，头扎白毛巾，身挂子弹袋，手持套筒枪"的老百姓，应与农民有着一定的共性，所以绝不能把那种洋腔洋调强加在这些土八路身上。"在他们口中只能唱出民间的、民歌风格非常浓郁的曲调"。

为了让游击队员那种革命浪漫情怀和英雄主义很好地结合在一起，吕其明作了大胆的尝试。开始，"西边的太阳就要落山了"非常抒情，非常平静；而到了"爬上了飞快的火车"时，音乐突然加快激昂起来，表现出游击队员们英勇杀敌的那种坚韧劲儿。"当时写这首歌曲的时候，非常顺畅，就好像是打开了一扇闸门，水就喷泻而出了。没有任何的修改，真是一气呵成。"半个多世纪过去了，这首歌已成为脍炙人口，家喻户晓的优秀歌曲，至今仍魅力不减。成为吕其明前期创作风格的代表作。

在20世纪的五六十年代，电影都是以描写革命战争时期的题材为主，吕其明的音乐也主要是以歌颂革命战争为主。改革开放后，电影的题材更广泛了，他在创作上也有了很大的扩展空间，"这些作品对我来说真是进入了一个新的阶段。"

故事片《城南旧事》的音乐创作花了近10个月的时间，倾注了他大量的心血。最后一段，小英子和父亲在医院里告别，更见其创作上的一番匠心。在长达5分零6秒的画面上没有一句台词，只有画面和音乐。此时音乐发挥了它独特的作用，直到电影结束，很多人还愣着坐在那里，融入到影片的情节里，半天也回不过神来。如此长的音乐段落在电影里是少有的。该片荣膺第三届电影"金鸡奖"的"最佳音乐奖"。

1990年，吕其明已经到了退休的年龄。虽然那个时候电影日趋商业化，但这一时期吕其明在音乐创作上还是涌现出了不少成功的作品，比如电影《焦裕禄》就是其中的代表作。

早在20世纪60年代，吕其明就看到了有关焦裕禄的报道。当时，他几乎是含着眼泪读完了穆青撰写的《县委书记的好榜样——焦裕禄》这篇文章。所以当导演邀请吕其明为这部影片作曲的时候，他欣然答应了。

吕其明随后来到了焦裕禄曾经生活工作的地方，在那里收集了很多资料，他还和焦裕禄的夫人和女儿交上了朋友并得到了他们不少帮助。谱曲工作历时半年多，这期间吕其明普遍地征求了各方意见，初稿完成后先唱给导演听再唱给演员听。最后在交给谁唱时犯了难。此时正值年底，制片主任一时找不到合适的人，而片子一定要在年底前完成。正在着急时，有一天，导演忽然听到一个粗犷的嗓子正在哼唱这首歌，导演循着声音看过去，原来竟是扮演焦裕禄的演员李雪健。导演试探地问吕其明，可否让李雪健试一试？就这样，这首歌最后由扮演焦裕禄的李雪健自己来唱。

20年戎马岁月化为《红旗颂》

在吕其明创作的所有音乐作品中，20世纪五六十年代的电影音乐占去了很大一部分。但他最重要的作品首先是管弦乐序曲《红旗颂》。

1965年"上海之春"音乐会前夕，一批老音乐家在研究各个单位报上来的音乐作品时，普遍感觉到其中歌颂祖国、歌颂人民、歌颂党、歌颂人民军队的作品不多。特别是在开幕式上需要有一部气势恢宏的新作品。于是贺绿汀、丁善德、黄贻钧、孟波、瞿维等老一辈音乐家建议由吕其明来完成一部交响乐作品并定名为《红旗颂》。

40多年后吕其明回忆说："当时我毫无思想准备，感到非常突然，既兴奋又紧张。兴奋的是老前辈们这样信任我鼓励我，对我委以重任；紧张的是时间短任务重，怕难以完成。但又想到，这是一次难得的机遇。于是我毅然接受了这一艰巨的创作任务，大胆地开始了创作。就这样，整整一周时间，我辗转在历史与现实之中，在理智与感情的碰撞中，试图寻找一个最适当的切入点。此时我陷入了对往事的回忆，我想到，红旗是革命的象征，无论在南湖小船的油灯光中、在井冈山的绿竹丛中、在遵义城的堞墙上、在革命圣地延安、在淮海战役的阵地前，还是在西柏坡……凡是有战斗的地方，都有红旗在飘扬。红旗又是千千万万革命先烈用鲜血染红的……长期战争生活的往事以及在红旗下成长的历程，像电影一样——在我眼前闪过。最终那些血染的红旗和天安门的五星红旗在我心中融合成为了一个崇高而伟大的形象。"

"于是，我以1949年10月1日开国大典为背景，表现从黑暗之中走过来的人民对红旗那种向往和情感,并把这种感情融入音乐中。可以说,红旗在我心中唤起的回忆和深情,使我久久不能平静……"

就这样,经过一个星期的日夜奋战,吕其明完成了总谱的创作。

《红旗颂》采用单主题贯穿发展的三部结构,乐曲开始,嘹亮的小号奏出以《义勇军进行曲》为素材的号角音调以及主题音乐,描写了开国大典上天安门前冉冉升起第一面五星红旗的动人情景。紧接着,双簧管奏出深情如歌的旋律,象征着经过斗争洗礼的人们仰望红旗,心潮澎湃的情怀。中间部分的颂歌主题变成了铿锵有力的进行曲,人群如潮,红旗似海,仿佛看到了中国人民在红旗指引下,自强不息、战斗不止的雄壮步伐以及高举红旗奋勇前进的豪迈气概。第三部分是主题再现部分,气势磅礴的乐曲表现亿万人民在这历史性时刻,尽情歌颂的情绪。尾声的号角雄伟嘹亮、气壮山河、催人奋进。

在随后举行的第 6 届"上海之春"音乐会开幕式上,指挥家陈传熙指挥上海交响乐团、上海电影乐团和上海管乐团联合演奏了这部作品。首次演出后,老一辈音乐家又提出了一些宝贵的意见,经过删改,这部作品更为凝练、精湛。

几次成功的音乐创作都来自吕其明爆发式的灵感,但每次爆发的灵感都藏着作曲家很深的个人情感和长时间的阅历累积。

如今,《红旗颂》已经成为一部雅俗共赏的艺术精品,奉献给了时代和人民。这部作品已被评为 20 世纪世界华人音乐经典。

晚年为红旗颂歌再写新篇章

当我们今天聆听《红旗颂》那优美激越的旋律时,无论如何都不会想象吕其明曾伴随着这部作品度过了一段痛苦的日子。"文革"开始以后,吕其明除了与瞿维、陈燮阳、马友道、陈本洪等人一起完成了舞剧《白毛女》音乐的修改、加工和定稿工作之外,直到1973年,都没有新的作品问世。吕其明因被指为"资产阶级反动路线的执行者""修正主义的黑尖子"而被关进"牛棚"两年半,他不仅每天要去电影乐团打扫演奏大厅和厕所的卫生外,还因作品而接受黑白颠倒的批判。

那时,他的交响乐《郑成功》、电影音乐《红日》和管弦乐《红旗颂》,被定为"三株大毒草",诬蔑《郑成功》是与台湾里应外合,欢迎国民党反攻大陆;《红日》是宣传和平主义,麻醉战士斗志;《红旗颂》是打着红旗反红旗,一个走资派怎能去歌颂革命的红旗呢?但不管有多大的压力,吕其明心中的红旗永远不倒。1978年,他以一部交响诗《白求恩》迎来了创作的新高潮。

改革开放以前,吕其明的音乐创作主要是工农业和革命战争题材,形式上是以故事片音乐为主。改革开放给吕其明的创作带来了多方面的变化,在题材内容、作品形式和音乐风格等方面,都有了很大的拓展。尤其是1982年吕其明创作的故事片《城南旧事》电影音乐获得了第三届中国电影"金鸡奖"最佳音乐奖,深沉、抒情而婉转的音乐,生动地展示了吕其明创作上的新天地。《庐山恋》《南昌起义》《子夜》《雷雨》《孙中山和宋庆龄》《秋白之死》《焦裕禄》《把一切献给党》《毛泽东在南京》等一大批影视音乐作品，使吕其明走出了一条影视音乐创作的新路。

1999年，已近古稀之年的吕其明相继完成了管弦乐组曲《雨花祭》和弦乐合奏《龙华祭》两部新作，用另一种方式唱出了他心中永远的红旗颂歌。

管弦乐组曲《雨花祭》是吕其明为南京雨花台烈士纪念馆创作的一部共有15个乐章的大型作品。当雨花台烈士陵园的有关领导同志登门请他来创作之时，他毫不犹豫地答应下来，并表示，自己是烈士的后代，父亲也安葬在雨花台，写这部作品是应尽的责任并分文不收。他以一名普通共产党员和文艺工作者的身份去雨花台访问学习体验生活，仅半年时间便完成了这部深沉委婉的新作。演出和录音工作结束后，上海交响乐团的同志也纷纷表示不要报酬，将应得的几万元钱全部捐献给了雨花台烈士纪念馆。

同样是在1999年，在共和国50华诞之际，吕其明决定创作一部缅怀为人民解放事业、为创建新中国而牺牲的烈士的作品，他怀着无比崇敬的心情，挥笔写下了"龙华祭——献给为解放上海而牺牲的烈士们！"几个苍劲有力的大字。这部作品与《雨花祭》构成了姊妹篇。它在思想主题上，承袭了《红旗颂》的主题和精神，成为热情讴歌党、赞美祖国和颂扬人民的不朽音乐诗篇。

时间到了2000年，上海音乐出版社在建党80周年前夕，再版了《红旗颂》总谱并在其中编入了合唱。对此吕其明解释说："其实在很多交响乐作品中都有合唱，《红旗颂》中的合唱部分没有歌词，只有4个声部此起彼伏的混声合唱。人声的加入令乐曲更加富于颂歌的激情。做这样的处理，是为了让作品更具艺术感染力，更加辉煌。"近10年来，新版《红旗颂》成为许多专业乐团和业余合唱团经常演出的曲目，佳评如潮。

值得一提的是，《红旗颂》这部作品作者从未主动参加过任何争金夺银的评奖，但这丝毫也不影响它在中国音乐史上的地位。吕其明表示说："每当有人问我《红旗颂》久演不衰有什么感想时，我认为，作曲家当然希望有人喜欢、演奏自己的作品。我不求《红旗颂》笼罩什么耀眼的光环，只要它伴随着时代的脉搏跳动，融入社会并被广大听众所接受，这是对我最高的褒奖，也是我最大的欣慰。"

（王建柱）

《解放日报》（2014年4月29日　第10版）

廷·巴特尔
"将军之子"扎根草原45年

廷·巴特尔，男，蒙古族，1955年6月生，1976年11月入党，内蒙古呼和浩特人，内蒙古自治区阿巴嘎旗洪格尔高勒镇萨如拉图雅嘎查党支部原书记，党的十七大、十八大代表，第十届全国人大代表，第十三届全国政协委员。扎根牧区、苦干实干的楷模，凭着"让牧民过上好日子"的信念，扎根牧区近50年，探索出保护生态、发展经济、促进增收新路子，使当地牧民生产生活发生翻天覆地的变化。荣获"全国优秀共产党员"、"全国劳动模范"、"全国民族团结进步模范个人"、"改革先锋"等称号。

内蒙古阿巴嘎旗向东约 300 公里，是位于萨如拉图雅嘎查的廷·巴特尔家。一场雪刚过，牧场的围栏边，这位穿棉大衣、戴棉线圆帽的牧民正把饮了水的牛赶到草场上去。

"巴特尔"，蒙古语意为"英雄"，廷·巴特尔也被当地牧民视为英雄。他是开国将军廷懋的儿子，从呼和浩特市插队来到萨如拉图雅嘎查，一待就是 45 年，嘎查长和党支部书记当了 40 年，为改变牧区落后面貌，为建设和保护草原，倾注了大半生的心血。

将军之子，嘎查唯一没走的知青

"我有点文化，留在这里能带着牧民干更多的事情"

20 世纪 70 年代，当知青返城热潮传入萨如拉图雅草原时，很多人第一个想到的就是廷·巴特尔。

父亲廷懋是 1955 年授衔的少将，后来担任过内蒙古自治区党委第二书记、人大常委会主任。廷·巴特尔是最有条件回城的。

萨如拉图雅，汉语意为"美丽的霞光"。1974 年，19 岁的廷·巴特尔和其他60多名知青一起来到这里。

"第一个感觉就是特别贫困",廷·巴特尔回忆道。牧民们连被褥都没有,棉袄上拽点棉花捻个捻儿,插在羊油里面就成了灯。很多牧民一生都没出过嘎查,从未见过汽车,写一封信给呼和浩特,要半年才能寄到。

"那时候叫扎根牧区,就是说一辈子不走了,我就是这么理解的。所以告诉自己,再苦再难也要适应。"廷·巴特尔说。

打草、放牧、剪羊毛、学蒙语……凡是牧区生产、牧民生活需要的,他都一样样钻研琢磨,一样样弄懂学会。看到牧民的奶桶破旧,他去公社铁匠那里,递一支烟过去,边聊天边跟师傅学手艺,不仅制作了新的奶桶,还为牧民们制作了烟囱;修马鞍子、马绊子他也都学会了,他做的马嚼子既好用又省料。牧民们都说,城里来的知青巴特尔是个能工巧匠,没有他不会做的东西。

由于各方面出类拔萃,廷·巴特尔很快成了大队知青的"头儿",接着又担任了大队乳粉厂厂长。1976年,他加入了中国共产党,并当选萨如拉图雅大队队长。

为带着大伙儿改变贫困面貌,他四处奔走,从盟里要来设备,改进大队乳粉厂生产,并带人跑到呼和浩特市乳品厂去取经。一年下来,乳粉厂就有了5万元的收入,大队全体社员当年就分了红。

返城热潮开始后,草原上的知青们一个个离开了大队。大家看廷·巴特尔的眼神也发生了变化。

"城里条件那么好,谁也不愿意留在贫困的牧场。""知青巴特尔下乡只是来镀个金，迟早要回去的。"人们议论着。

然而，当父亲征求廷·巴特尔的意见时，他却说，草原封闭贫困，更需要人来建设，我有点文化，留在这里能带着牧民干更多的事情。廷·巴特尔坦言当时的想法："大家都说我是来镀金的，肯定要走，我要用行动告诉所有人，我不是来镀金的，我要扎根草原。"

他的想法得到了父亲的支持。

一次又一次，见到廷·巴特尔外出办事，牧民们都担心，他也许再也不回来了，但过两天总又能在草原上看到他的身影。送走最后一名返城的"战友"后，他成了唯一扎根在萨如拉图雅嘎查的知青。

1981年，他和牧民姑娘额尔登其木格结婚。1993年，他又当选为萨如拉图雅嘎查党支部书记。他的根在草原上越扎越深。

留下来，带着牧民富起来

"先做出个样子，给大家看，有亏就自己先吃"

1983年，萨如拉图雅嘎查开始推行草原畜牧双承包制。作为嘎查长，廷·巴特尔把嘎查的1.4万头（只）自留牲畜和数万亩草场分给每户人家，把没人要的草场和牲畜留给了自己，队里的棚圈、马车、拖拉机等财产，全部分给牧民，自己一样没要。他成了全嘎查最贫困的人。

拥有了自己的草场和牲畜，有的牧民辛勤劳动，日子越过越好，但也有一些牧民靠天养畜、粗放经营而坐吃山空，贫富差距扩大。与此同时，随着牧民牲畜数量的增加，草原出现了严重退化，"有的草场连只老鼠都藏不住"。

"得告诉牧民，自己的家究竟应该怎么当。"廷·巴特尔着了急。他苦口婆心劝说牧民"牲畜不是命根子，草原才是命根子""不能一味靠增加养殖数量来提高收入"。但应者寥寥。

"先做出个样子，给大家看，有亏就自己先吃。"他对自己说。在一次牧民大会上，他对大伙儿说："财产我们家一点没有，草场牲畜倒数第一，但我一样可以凭借自己的劳动住砖瓦房、开汽车，过上好日子。你们要是觉得我做得好，就跟着干。"

1986年，他首先卖掉了自家的60只羊，圈起300多亩草场进行封育。第二年打下了9马车草，相当于其他牧民1000亩草场的打草量。牧民们看到了围封轮牧的好处，纷纷向他学习。

率先在自家的草场实行"划区轮牧"，率先在休牧的草场上种草籽、改良牧场，率先实行"打草不拉草"，搞棚圈建设。几年下来，他在当年最差的草场上养出了最肥壮的牛羊，取得了明显的经济效益，生活条件显著改善。

为了进一步恢复草原生态，1998年，他又把自家400多只羊全部卖掉，改养牛，并根据当地的草场情况，提出了牧民们听得懂、能信服的"蹄腿理论"："一头牛的收入顶不顶5只羊？""养一头牛省事还是养5只羊省事？""一头牛4条腿，5只羊20只蹄子，哪个对草场破坏大？"……他不厌其烦地向牧民做工作，让大家了解到"减羊增牛"的好处。与此同时，他带头引进优质牛种和本地牛杂交，在"少养精养"思路下实现了恢复生态、增加收入的双赢目标。

为进一步带领牧民致富，2003 年，他自掏腰包建起牛业公司，并承诺"公司赔了算我自己的，赚了都分给牧民"。之后的十几年，公司给嘎查所有的牧民上了医保；嘎查的牧民子女考入大学，公司给每个孩子赞助 500 元；牧民买回优良牛种，给予每头牛 2000 元的补助；17 户牧民自己搭棚、盖圈、打井，公司都给予百分之五十的补贴。2018 年，公司解散，他把公司的 235 头牛和 16 万元全部分给了牧民。

"他总是带头的，我们学他没错，现在我们家一年纯收入 30 多万。"嘎查牧民云亮说。在廷·巴特尔的带动下，萨如拉图雅嘎查绝大多数牧民都调整了牲畜结构和养殖模式，人均纯收入从 40 年前的 40 元增加到现在的 1.88 万元，草原植被覆盖率和牧草高度明显提高，实现了生态保护与牧民增收的双赢。

出了名也不忘本

"不能忘了劳动，最后搞成贫困户给国家添负担，更不能贪图好处搞腐败，给党抹黑"

早在 2002 年，廷·巴特尔的事迹就已在草原上广为流传，但当时一听说要把自己树立为全国典型，还要进行宣讲，他一个劲儿摇头："成了典型这牧民就当不好了。"

"通过对你个人的宣传，让更多人知道锡林郭勒大草原，知道浑善达克沙地，知道萨如拉图雅，就能带动这里的发展，你不是希望这里的牧民都过上好日子吗？"大家一再劝导，廷·巴特尔这才答应了。

"出了名"的廷·巴特尔给自己定了两条规矩：第一，劳动所得不搞无原则"大方"；第二，不利用自己的名声去做投机取巧的事。

牛贩子来买牛，他依旧像普通牧民一样讲价、定价，不因为"名人效应"而抬高价钱；有电暖气公司来找他推荐产品，他安装了照样付钱，给产品挂名则坚决不干；国家给嘎查的牧场建设项目，他全部分给其他牧民，自己一个也没要。

"老讲自己做了多少贡献没意思。把你作为典型，就更应该自律。"他说，"我就是个牧民，不能忘了劳动，最后搞成贫困户给国家添负担，更不能贪图好处搞腐败，给党抹黑"。

如今，已年过六旬的他未雇用过一个人，活儿都是他和妻子自己干。大到设计房屋、暖棚、修理汽车、电视机和其他牧业机械，小到做家具、缝蒙古袍，他都会，就连给牲畜治病他也能干。牧民们家里有个啥事，"招呼一下就来"。

知道廷·巴特尔事迹的人越来越多，取经的牧民纷至沓来。对此，他来者不拒。2009年，在党委政府的支持下，他在家里建起了一座全盟农牧民培训中心，掰着指头给牧民算收入账、成本账、劳动账、生态账，把几十年生产生活中钻研摸索出来的有效经验，毫无保留地讲给牧民。近几年，每年来听他讲授的牧民都超过1万人次。

他也利用这些机会向其他牧民尤其是年轻人学习求教，充实知识。"谁劳动，他就是师傅！"这是他常挂在嘴边的话。

2018年6月，尽管很多人不愿意，他还是选择从嘎查党支部书记的位置上退了下来。"文化程度跟不上了，必须退。现在我们的孩子们都上完了学,书记和嘎查长都是大学毕业生,要相信年轻人。"

"退休"后的廷·巴特尔除了忙活牧场上的事,为牧民讲课,还喜欢将自己每天劳动生活的点点滴滴拍成照片或小视频。打开他的微信朋友圈,很多动物图片映入眼帘,除了自家的牛,还有他拍的各种各样的野生动植物。

"这是狐狸,这是臭鼬,还有貉子……"他笑着一个个指给大家看,"草原生态好了,野生动物也多了。我们牧民现在呼吸着新鲜空气,享受着和城市一样的基础设施,生活可不比你们城里差"。

口口声声"我们牧民",道出了一名共产党员深深扎根草原的情怀。

(中央纪委国家监委网站 郭 兴)
《中国纪检监察报》(2019年12月18日 第1版)

刘贵今
一位"外交老兵"的非洲情缘

刘贵今，男，汉族，1945年8月生，1971年8月入党，山东郓城人，外交部原正司级大使。矢志奉献对非外交工作，在对非外交岗位坚守、耕耘近40年，长期在非洲国家常驻，年逾七旬仍为深化中非合作发挥余热，是首位中国政府非洲事务特别代表。积极推动建立中非合作论坛机制，在传承中非友谊、深化中非合作中担当作为、倾情奉献，坚定捍卫我在非洲利益和国际形象，为促进中非关系发展作出突出贡献。

随着"一带一路"建设深入非洲腹地，中非早已结成了休戚与共的命运共同体，为构建人类共同美好的未来携手合作。中非友好情谊也从一代代外交人员中传承下来。

刘贵今在风华正茂的年纪进入外交部，见证中非友谊，推动中非关系发展；在花甲之年担任中国政府首位非洲事务特别代表，积极参与斡旋苏丹达尔富尔问题，推动苏丹北南和平进程，见证中国从改革开放到日益走近世界舞台中央的历程。

出使非洲　谈与两任南非领导人的难忘轶事

"踏上非洲的土地，从事了对非工作，我就爱上了这个大陆，爱上了这片沃土，爱上了非洲。从此对非工作不离不弃，一直在非洲工作。"刘贵今动情地讲道。

在非工作17年，刘贵今整个外交生涯基本上是和非洲连在一起的。当有人问到他去过多少个非洲国家，他自豪地表示，54个非洲国家中，除了当时两个未与中国建交的小国，其余所有国家都去过！——报这些国家的名字大概也要一两分钟的时间。

谈起在非洲大地印象深刻的经历,刘贵今大使回忆起与两任南非领导人接触的往事。

2002年,南非国父曼德拉先生突然提出要与时任中国国家主席江泽民通电话,目的是要劝阻美国放弃侵略伊拉克。刘贵今大使担任了报告和对接的工作,他回忆说,"当时,曼德拉正与西北省省长一起吃午饭,看到我来了,说了一句'我尊贵的客人来了',然后就结束吃饭,带着我到小会客室聊天。"安排好之后,曼德拉与江泽民主席通了电话。

通话结束后,曼德拉还留下刘贵今聊了一会儿,讲述了他对中国革命的特殊感情。当时曼德拉在罗本岛监狱坐牢时,用配给的劣质香烟盒的纸头叠成五星红旗的样子,并用非国大党特殊的握手方式庆祝中国国庆。非洲人民对中国的这种感情,在刘贵今看来弥足珍贵。

刘贵今还提到一件与南非另一任领导人姆贝基的趣事。"2006年,南非总统姆贝基对中国进行了国事访问。在紧张的日程安排中,姆贝基总统主动提出来要去新华书店买书,这个要求在访问中国的外国领导人中是头一回。很有意思的是,姆贝基总统挑选了包括《儒林外史》在内的十几本书,并在过后的午宴中说明了自己的用意。他认为,要学习中国必须先了解中国,而看西方的著作是了解不了中国的,所以他来中国买了几本书来看以加深对中国的认识。他回去之后还在非洲人国民大会刊物上刊登了一篇题为《希望从天安门广场诞生》的文章。"

刘贵今说,南非的这两代领导人,曼德拉把中国的解放看作对被压迫人民斗争的鼓舞;姆贝基看中国发展是非洲乃至世界人民的希望。正是因为老一辈革命家、几代领导人共同培育,共同打造,共同发展,才使得中非友谊如此深入人心。

临危受命　彰显中国在达尔富尔问题上的和平解决立场

2007年,西方媒体和政要在苏丹达尔富尔问题上拼命抹黑中国,认为中国帮助苏丹发现石油是助纣为虐,间接支持达尔富尔地区的大屠杀。

面对巨大的国际质疑,中国设立了中国政府非洲事务特别代表,这一举措在国际上引起广泛关注。

刘贵今大使在卸任南非大使后,接下了这一艰巨任务。他回忆说,在当时的情境下,被赋予了两个使命。第一个是努力调解苏丹的和平,以平息战乱。第二是让外界了解中国的立场,减轻外部对我们的压力。

在这个过程中,中国的外交政策获得非洲各国广泛认可,这令刘贵今大使十分感动。他分析道,"这是因为中国并不是像其他国家一样,寻求地缘政治的利益。设立特别代表更是彰显了中国不干涉内政,支持非盟和联合国的调解努力,主张在不干涉苏丹内政的前提下推动达尔富尔问题的和平解决的态度。"

刘贵今回忆,第一次到访苏丹时,当苏丹外长知道他并没有见到总统便要离开时,焦急地说:"特别代表如此重要,不见总统,不到达尔富尔怎么行?"苏丹总统更是派来自己的专机迎接他,并在达尔富尔州,组织了上千人,顶着风沙和烈日来欢迎这位特殊的中国代表。这个场景令刘贵今大使至今印象深刻，充分表现了苏丹政府对中国特别代表的信任与重视。

中国在非洲如此受欢迎，在刘贵今大使看来，与中国的外交政策分不开。中国从过去表明自己立场的发言人，到静观局势变化的观察员，到现在的调解者，中国对苏丹的和平与安全采取了更加积极地介入，也得到了苏丹政府的积极响应。在刘贵今就任期间，不仅苏丹政府，甚至包括苏丹反对派，苏丹政府也主张让他去接触，去做叛军的工作，以减少流血实现和平。

外交是内政的延伸　　中国特色大国外交赢得世界认同

新中国成立70年来，对于中国外交思想的变化，刘贵今大使也有深刻的见解。他认为中国外交取得如此辉煌的成就离不开中国始终如一地奉行独立自主和平外交政策。此外，中国外交在贯彻这些基本政策和原则的同时，还随着形势变化与时俱进地作出调整。

刘贵今大使指出，改革开放是中国外交政策变化的一个分水岭。五六十年代，中国外交首先是围绕巩固自身国家的安全，有限地援助发展中国家的经济与民族独立来展开。那时的外交，从某种意义上来说是反应式外交，虽然中国也有主动的动作，但是给人的印象是相对保守的。在作为方面，显得步伐小了一些。

改革开放之后，中国的整个外交政策也围绕发展经济为第一要务发生变化。中国外交为经济社会建设和人民服务，使得越来越多的中国人走向世界。随着中国经济实力的进一步增强，中国为人类共同的和平与发展事业，做出更大的贡献。中国的外交变得更加积极、更加进取，于是就有了中国特色大国外交。

改革开放以来，中国外交硕果累累，中国日益走近世界舞台中央。刘贵今认为，这与中国内政是离不开的。"外交是内政的延伸，弱国无外交，中国逐渐走向强大，外交上有更多的作为。"刘贵今大使说到。中国内政从制度上保证了中国独立自主的和平外交，与邻为善、以邻为伴；从道路上不走帝国主义路线，靠自己和平发展，辛勤耕耘；从文化理念上秉持"和而不同，天人合一"。制度上、道路上、文化上的自信和传统也决定了中国外交受到国际社会的广泛关注与认同。

寄语年轻外交官　为构建人类命运共同体不懈努力

刘贵今大使说到，中非友好事业需要薪火相传、代代相传。退休之后，他深感仅有对非的研究，没有涉非的教育是不完善的。

秉承着青年人决定了未来的理念，他从政界转身学术界，用过去丰富的对非工作经验，积极从事培养中非关系未来下一代的工作。值得一提的是，在这些为非洲培养的一些留学生中，好多回去之后都担任了非洲国家的领导人，例如在中国读过书的刚果（金）前总统小卡比拉。

在新中国成立70年的历史节点，刘贵今表示，中国外交与中国的发展、进步是紧密联系相连的。中国的"一带一路"倡议受到广泛欢迎，中国政府做了很多工作保障"一带一路"合作的顺利推行，这是利他、利己、利国际社会的。

当今世界，由于贸易保护主义、单边主义思潮泛起，中国自身也面临着相当的压力。刘贵今认为，展望未来，中国外交将面临更多的挑战，同时也需要付出更大的努力。尽管任务艰巨，挑战严峻，但为构建人类命运与利益共同体而奋斗，我们的目标更加宏大。

作为新中国的外交人员，需要加强学习，具备坚定的立场，宽广的视野，广博的知识与出色的能力。只有这样才能完成构建人类命运共同体这一个宏大的目标。

（人民网记者　贾文婷　黄晓蔓）

人民网－国际频道 2019 年 7 月 26 日

孙景坤
闪光的军功章在无声述说

孙景坤，男，汉族，1924年10月生，1949年1月入党，辽宁庄河人，辽宁省丹东市元宝区金山镇山城村原第一生产队队长。永葆革命本色的战斗功臣，先后参加四平、辽沈、平津、解放长沙、解放海南岛、抗美援朝等战役战争，荣立一等功一次、二等功多次。作为英雄报告团成员，受到毛主席等党和国家领导人亲切接见。退役后毅然回乡带领群众改变家乡面貌，是共产党员吃苦在前、公而忘私崇高品质的典范。荣获"时代楷模"称号和"抗美援朝一级战士荣誉勋章"。

清晨，阳光洒满房间，晨光的映照下，一件老式军装上闪耀着金色。那一枚枚熠熠生辉的奖章、纪念章，陪伴了老人数十年。这里是辽宁省丹东市光荣院的特护区房间，也是96岁的志愿军老战士孙景坤的"新家"。

退伍以来，孙景坤曾一直把沉甸甸的军功章压在箱底，60多年扎根乡村，带着村民改变家乡贫困面貌。后来，孙景坤的英雄往事才逐渐被人了解。这位默默无闻的老人，曾在战火纷飞的朝鲜战场上立下了赫赫战功。

南北征战　留下20多处伤疤

"更催飞将追骄虏，莫遣沙场匹马还。"1950年，朝鲜战争爆发后，刚从海南岛战场撤回的孙景坤和战友们星夜兼程，集结安东（今辽宁丹东）待命。

部队驻地离家乡不到2.5公里，步行也就20分钟，已经两年没见亲人的孙景坤却从未提出回家看看。直到抗美援朝出国作战初期，孙景坤与敌人激战受伤后被送回国内治疗养伤期间，他才告假匆匆回了一趟家。随后，孙景坤不顾腿伤尚未康复，再次奔赴前线。

回忆起自己一生中最难忘的战斗，孙景坤眼噙泪花。老人说："那场激战下来，好多战友都牺牲了，阵地上最后只剩下我们4个人。"

1952年10月27日中午时分，在击退敌人一次又一次进攻后，孙景坤所在部队人员伤亡惨重，阵地三面处于敌人的火力控制之下，增援部队很难上去。

当时担任副排长的孙景坤带领9名战士，带上手榴弹和子弹，从敌人火力死角突上阵地前去增援。几次反扑失败后，敌人开始逃窜。孙景坤便趴在交通沟的麻袋上，击毙了21个敌人。整场对战中，敌人一共组织了6次反扑，都被志愿军战士们打退下去。

阵地稳固下来了，可参加战斗的志愿军战士伤亡惨重。孙景坤说，这么多年，他最怀念牺牲在战场的战友。

孙景坤用行动践行了誓言。战争在他身上留下20多处伤疤。"现在腿上还有一颗子弹没取出来。"孙景坤指着腿上一块已经变黑的皮肤说，"有一次战役，我中了两枪：一枪打在手上，一枪打在腿上，后来腿连带脚上的肉都烂了。"

南北征战，孙景坤立下赫赫战功，先后荣立一等功1次、二等功2次、三等功2次，并被授予解放东北纪念章、解放华北纪念章、解放华中南纪念章、解放海南岛纪念章和抗美援朝一级战士荣誉勋章。

回乡务农　深藏功名造福桑梓

1955年初，孙景坤复员后主动放弃到城市工作的机会回乡务农。

他将组织关系交给村党支部，退伍手续交给地方民政部门，对自己的功绩只字未提。回乡第三天，孙景坤就拿起农具到生产队劳动。

回乡务农后，孙景坤从不主动向别人提及自己的荣誉，更没有借着荣誉向组织提出任何要求。就连他的儿女，在很长一段时间里，也只知道父亲是一名老战士、上过战场，对他所获的荣誉一无所知。"当年那么多战友在他面前倒下，他不愿回忆那段经历，那是他心里永远的痛。"大女儿孙美丽在与父亲的交流中，逐渐理解了老人的心思。

从战斗英雄到普通农民，变化的是身份，不变的是坚守。经历过战场的孙景坤，更加珍惜来之不易的和平生活。

后来，孙景坤当上丹东市元宝区金山镇山城村生产队队长。"别小看这个职务，这需要极好的口碑和群众的信任。"山城村党支部书记邱大鹏说。那时候，村民们并不知道孙景坤曾立下赫赫战功，可大家都觉得，他是党员，上过战场，政治上过硬、靠得住。

英雄卸甲，心底的沙场气概却从未褪去。孙景坤带领乡亲发展农业生产，建设乡村，并组织村民先后成立了共同致富小组、扶贫致富小组，彻底改变了家乡的面貌。

山城村的一条河常年发水，孙景坤与乡亲一起拦河造田，改造耕地，建起了简易大坝。"当时，没有机械化设备，孙景坤就带头用土篮挑、用肩扛运送土石，每天起早贪黑，一干就是几个月。"山城村妇女主任刘玉慧回忆说，虽说是简易坝，但在当时起到了防洪的作用，守住了农田，也保住了集体财产。

淡泊名利　从不计较得失

战争年代，孙景坤征战沙场，经常几天几夜吃不上一顿饱饭，患上了严重的胃病，每次犯病，他只是吃两片药顶一顶。几十年间，孙景坤都按规定数额报销药费，从没提过其他特殊要求。

孙景坤之前住在大女儿孙美丽家。他们住的房子年久失修，每逢外面下大雨，家里就会下小雨。房子冬冷夏热，老人岁数大不抗冻，夏天有时还需要穿棉袄，但他常说："和当年在坑道里相比，现在的苦又算得了什么。"

"按理说，父亲有能力为我们兄弟姐妹安排好一点的工作，可他却从不向组织开口。我在生产队干活，队里见我勤快，把我的工分从4分涨到了7分。他知道后，专门开会批评了组长，并要求把我的工分降下来。"孙美丽说，年轻时她对父亲有很多抱怨，可随着年岁渐长，她渐渐明白：经历过生死的父亲，总想回馈社会更多。

多年来，孙景坤主要靠参加生产劳动获得的收入养家，除了政府每年发放的优待抚恤金，他一分钱也不向国家多要。

村里有人说："老孙，你参加革命带回一身伤疤，却没有得到什么好处，太吃亏了。"孙景坤回答："从我参加革命那天起，就没想过什么叫好处，什么叫吃亏。"

（人民日报记者　李龙伊）

《人民日报》（2020年10月13日　第4版）

买买提江·吾买尔
在传承中弘扬
无私精神

买买提江·吾买尔，男，维吾尔族，1952年12月生，1973年7月入党，新疆伊宁人，新疆维吾尔自治区伊宁县温亚尔乡布力开村党支部原书记、村委会原主任，党的十八大代表。旗帜鲜明同"三股势力"作坚决斗争的先进模范，面对宗教极端势力的死亡威胁，毫不畏惧，挺身而出。坚持强基固本，大抓党支部建设和党员队伍建设，任村支书30多年，村里未发生一起暴恐事件。深入开展"民族团结一家亲"和民族团结联谊活动，开办国语幼儿园推广国家通用语言文字，为推动民族团结进步作出突出贡献。荣获"全国优秀共产党员"、"全国劳动模范"等称号。

"他是最称职的村支书!"一提起伊宁县温亚尔乡布里开村党支部书记买买提江·吾买尔,村民们都会这样告诉你。是他,带领这个以前的贫困村变成了先进村。到2011年,村民平均收入9341元,比2006年增加了一倍。

为了村民,卸任5年后再接"烂摊子"

买买提江·吾买尔自1981年起担任布里开村党支部书记,当时村里还很贫困。经过20年努力,在他的带领下,布里开村由一个贫困村发展成为先进村。2001年时,买买提江·吾买儿因身体和年龄原因卸任。买买提江·吾买尔卸任后,布里开村各项工作逐年退步,村班子软弱涣散,村民年年上访,欠债多达52万元,宗教事务管理混乱,2006年更是被列为社会治安集中整治重点村。当年,村民向县工作组提出"继续让买买提江·吾买尔给我们当书记吧"。这时的买买提江·吾买尔已卸任5年,还做过大手术。亲戚们都劝他不要接这个"烂摊子",他说:"我这个年纪组织上还让挑重担,是一件多么光荣的事,我绝不能当逃兵。"他毅然决然地走上了村党支部书记的岗位。

转变作风，党支部要做基层的坚实堡垒

"一个人再有能力也是有限的，只有全体党员的作用都发挥了，那力量才是无穷的。"这是拥有 36 年党龄的布里开村党支部书记买买提江·吾买尔常挂在嘴边的一句话。任村党支部书记 20 年来，他带领全村 50 多名党员，与群众拧成一股绳，不断推动全村各项事务的蓬勃发展。

"村集体有了钱能办成事，群众打心眼里信任村党支部，这样的党支部才有凝聚力。"买买提江·吾买尔深有体会地说。

买买提江·吾买尔离岗休假后，由于党支部不发挥作用，村里的党员变得无人管理、无事可干、无人信任，一些人甚至参加宗教活动。"再次上任后第一次召开党员会时，只来了 18 名党员，我心里特别难受。"买买提江·吾买尔说。

他逐个找党员谈心，对那些参加宗教活动的党员，他严肃地说："作为一名共产党员，应该牢记自己的身份、摆正自己的位置，党员决不能参加宗教活动！"

"买买提江书记经常对我说，爱国宗教人士是维护稳定的一支重要力量，要加强学习，及时将党的方针政策传达给信教群众，共同做好稳定工作。"村里回族大寺阿訇闫世明说。

服务群众，农民富起来是我最大心愿

如今，走进伊宁县温亚尔乡布里开村，映入眼帘的是一派欣欣向荣的景象：一幢幢住宅造型别致，一畦畦高产良田望不到边，一个个果园连接成片，不时有村民开着小轿车在宽阔的柏油路上奔驰……昔日贫困落后的布里开村在党支部书记买买提江·吾买尔的带领下，正铆足了劲在致富路上大步快跑。

"不带领村民脱贫致富，怎么对得起组织对我的信任。"买买提江·吾买尔时刻不忘自己的责任。

布里开村人多地少，种惯玉米和小麦的村民想致富、盼致富却苦于没有门路。买买提江·吾买尔整天都在琢磨破解的办法。1985年，他胃里长了个良性肿瘤，医生叮嘱他肉类中只能吃鸡肉，他便和妻子养了10只鸡，将吃不完的鸡蛋卖掉，很快便赚了钱。"如果扩大养殖规模，一年怎么也能赚个千把块钱。"说干就干，他趁在家养病期间，买了1000多只鸡苗，一年下来，就赚了8000元。看到养鸡能带来如此大的收益，他说服村里几名党员养鸡，把自己摸索的养鸡经验传授给大家。

2001年，买买提江·吾买尔又开始琢磨养牛，可真要养牛，困难又来了，一些贫困户要想买牛就得贷款。买买提江·吾买尔跟村干部商议后，成立了小额贷款担保中心。"在村里的担保下，去年我贷了1万元，加上自己攒的钱，买了3头牛、4只羊，一年就赚了1万多元钱。是买买提江书记帮我们一家摆脱了贫困。"村民塔西买买提·贾帕尔感激地说。

目前，布里开村良种奶牛养殖从无到有，已达 1100 多头。村里还划出 35 亩土地，建成标准化万只牛羊育肥养殖示范点。

"不让一户受穷，不让一人掉队，要让村民都过上好日子"

发展林果业的灵感，是买买提江·吾买尔从一次参观中得出的。1996 年，自治区组织全疆 60 多名乡村干部前往湖北、江西等省区学习新农村建设经验。他想，伊犁是苹果之乡，为何不鼓励农民种苹果发家致富？他来到霍尔果斯口岸，发现苹果出口情况非常好，更加坚定了自己的想法。于是，买买提江·吾买尔就带着党员先在自家庭院里试种野苹果，成功后，经他提议，村党支部拿出村里 1000 亩最好的集体地承包给农民，动员大家种苹果。

"村里现有 3000 亩苹果园，今年准备再增加 2300 亩。我们不会让一户受穷，不能让一人掉队，要让村民都过上好日子。"买买提江·吾买尔说。

走出去，外面的天地无限宽广

布里开村毗邻伊东工业园和精伊霍铁路货站，地缘优势十分明显。这些年，买买提江·吾买尔一直在思谋如何利用这些优势，促进农民增收。

2006 年 7 月，伊宁县办了一个劳务输出经纪人培训班。买买提江·吾买尔找到当时在家待业的青年艾牙司丁·伊力亚斯让他参加培训班,头脑灵活的艾牙司丁通过学习,很快拿到了《创业培训合格证书》。在买买提江·吾买尔的鼓励下,艾牙司丁带领村民外出摘棉花、修铁路、包工程,每位村民每月平均能赚1800元。2009年全村转移富余劳动力1058人,全村人均收入达6289元,较2005年增加2300多元。村民们忙着发家致富,他和村党支部成员也不闲着。修桥、铺路、建"双语"幼儿园、改造低产田……短短3年,村里拿出480万元集体收入,为村民办了13件实事。

"我经常在想,自己要是能年轻20年该多好,我还有很多事情要做。"买买提江·吾买尔说。

创新机制,想方设法壮大集体经济

买买提江·吾买尔上任后的第一件事就是召开党员大会,领着党员重温入党誓词。他还理出了村里8个方面的突出问题,推选党员担任巷道长、十户长,建立村"两委"班子联席会议、村务公开、民主评议村干部等制度。之后,他每周都召集党员开一次碰头会,学理论、议村务。还推行党员承诺制,要求党员在村民大会上对每年工作作出承诺,积极发挥先锋模范作用。经他提议,村集体还投入110万元,修建了阶梯电教室、排球场、篮球场、"双语"幼儿园、卫生室,使文教卫体公共设施成为全村最好的建筑。

为了壮大村集体经济、增强村党支部的办事能力,他坚持开源与节流并重,投资40余万元建成480平方米的集体门面房,鼓励、支持村民承包办中型超市。在他的努力下,村集体经济由负债52万元变为年收入130多万元,理顺了群众情绪,连续四年再没有村民上访。

"乡亲们养大了我,我要为群众办实事。"买买提江心里明白,党支部光有威信不够,还要有实力,才能为群众办事。他和班子成员一起想法子、找项目、跑资金。这几年,除了土地和果园承包集体能收入100多万元外,村里投资40余万元在村中心建了门面房,每年收入5万余元。在上级组织部"火种"计划支持下,2011年建起了红砖厂,预计投产后年收入将突破200万元。

现在布力开村的农民有的种林果,有的养家禽,还有人利用自家庭院种温室蔬菜。2011年底,村里建成35万只标准化的家禽养殖基地,1.7万头(只)牛羊育肥基地和2967亩苹果园,全村村民平均收入9341元,比2005年增加了一倍多。现在,邻村的姑娘都喜欢嫁给村里的小伙子了!"今年我已经60岁了,乡亲们又选我当了村委会主任,这是党信任我,乡亲们需要我。只要身体行,就一定好好干,带领更多农民走上致富路。争取到2015年,人均收入突破16000元!"买买提江·吾买尔信心十足地说。

人民网－中国共产党新闻网 2014 年 6 月 12 日

李宏塔
"红色后代"时刻在老百姓中间

李宏塔，男，汉族，1949年5月生，1978年4月入党，河北乐亭人，安徽省政协原党组成员、副主席，第十一、十二届全国政协委员。党员领导干部忠诚干净担当的典范。在民政系统工作18年，视孤寡老人为父母、视孤残儿童为子女、视民政对象为亲人，每年至少一半时间在基层度过。共产党人革命传统、优良家风的传承人，始终艰苦朴素、清正廉洁、以严治家，秉持了"革命传统代代传，坚持宗旨为人民"的不变信念。

二十年前,安徽省合肥市长江路有一位身材高大的中年男子蹬着自行车穿过熙来攘往的街头。沿路的交警和摊贩都认得他——骑车上班的"李厅长"。"李厅长"名叫李宏塔,历任安徽省民政厅厅长、安徽省政协副主席,他的祖父是中国共产主义运动先驱——李大钊。

如今,满头银发的李宏塔年届古稀。可这位"红色后代"的故事却依旧为人们津津乐道:传承"红色家风",数十年坚守初心、本色做人,为政勤、为官廉、为民实。

出身"名门"的"普通人"

李宏塔的家世说"显赫"不为过,祖父是李大钊,父亲李葆华曾任安徽省委第一书记、中国人民银行行长。然而李宏塔的成长却与普通青年无异:父母工作忙,出生19天就被送往托儿所照顾,直到6岁才被接回家;16岁当兵入伍,做过化工厂工人,后来考上大学;1978年起,先后在共青团合肥市委、共青团安徽省委、安徽省民政厅等部门工作。

"不能吃苦,就不能成人",李葆华曾经这样教育李宏塔。一个习惯伴随李宏塔一生：除了极少数重要公务赶时间，李宏塔从不坐专车，天天骑自行车上下班。随着年龄增大，2003年他将自行车换成了电动车，还笑称这是"与时俱进"。

当年根据安徽省干部住房标准规定，李宏塔应该享受至少70平方米的住房。然而1984年，他却搬进位于楼房最西面一套冬冷夏热的两居室，在这套55平方米的旧房里一住就是16年。"大家都是这样，我也知足。"李宏塔说。在共青团工作时，单位曾经要分给他一套大房子，他看到年轻职工没地方住，愣是坚持用自己的一个大套换了3个小户型，分给了单位3位年轻人。

李家三代，家风如一。"黄卷青灯，茹苦食淡，冬一絮衣，夏一布衫"，是祖父李大钊清贫一生的真实写照。父亲李葆华承风父辈，十分简朴：家中老旧的三合板家具、沙发坐下就是一个坑。这样的家风传承，让李宏塔面对简朴生活时乐在其中。

严于律己治家的"清官"

问起对李宏塔的印象，有人笑李宏塔是个没"爱好"的人，不抽烟不喝酒，也不进歌厅舞厅。还有人向记者透露，说李宏塔有时让人"难堪"。

一年春节，这位同志和爱人从老家回来，给李宏塔捎去几样小吃，李宏塔却回赠价值数倍的物品让他带回家。这正与父亲李葆华当年所为一模一样：那时家中收到几包葡萄干，父亲让家人把葡萄干退回，还把少年李宏塔吃掉的那一包折价一同退款。

2008年,李宏塔的儿子李柔刚结婚,婚礼布置简单,单位同事们前来祝贺并包了红包。为了不破坏婚礼的气氛,李宏塔照单全收,但第二天便将所有的礼钱如数奉还。

记者还了解到,李宏塔在民政厅一干18年,期间有许多人为他得不到升迁而"打抱不平",可他自己对此却泰然处之,从未向领导提出过要求。这也与父亲李葆华有关。他从不为子女的升迁打招呼,每当子女所在省里的领导前来看望他时,还要嘱咐对方务必严格要求。

对提拔"冷",却对百姓热。民政部门多名老同志告诉记者,李宏塔把群众处成了亲戚:低保户过年的饺子皮没着落、前来求助的下岗工人没带伞……他都会自掏腰包帮上一把。

变岗不变本色的老党员

在民政系统工作期间,李宏塔每年至少有一半时间在基层度过。当地很多同志都知道他的"反方向工作法":下乡时不向有关市、县打招呼,经常让司机"把车子开到进不去的地方",然后步行进村入户检查工作。从百姓家里出来,他再到乡镇、县市座谈。"必须离开公路,直接去问老百姓。沿着公路转、隔着玻璃看是了解不到真实情况的。"李宏塔说。

2003年夏天,淮河、滁河流域发生水灾,为了摸清具体灾情,他连续20多天奔走在灾区,是"反向工作法"起了关键作用:他从受灾群众蒸着救济米的锅中"闻"出了问题，查清了责任；他走进受灾群众的帐篷"量"出了其中暑热与机关办公室之间的温差，让机关为3万多受灾群众腾出温度适宜的办公室做住处。

2008年，李宏塔当选安徽省政协副主席。历年全国"两会"上常能听到他为困难群众的"发声"。退休后，李宏塔选择加入中华慈善总会，依旧为改善困难群众生活四处奔走，他说："慈善能直接为最困难的群众服务，这是我晚年的一件幸事。"

（新华社记者　陈　诺）

新华社 2019 年 8 月 22 日

吴天一
"留在青藏高原是我一生最正确的决定"

吴天一，男，塔吉克族，1934年11月生，1982年5月入党，新疆伊犁人，青海省心脑血管病专科医院原研究员，中国工程院院士。高原医学事业的开拓者，投身高原医学研究50余年，提出高原病防治救治国际标准，开创藏族适应生理学研究，诊疗救治藏族群众上万名。青藏铁路建设期间，主持制定一系列高原病防治措施和急救方案，创造了铁路建设工人无一例因高原病致死的奇迹，被称为"生命的保护神"。80多岁高龄仍带着心脏起搏器在海拔4500米以上的高原开展科研工作。

"吴院士,您曾创造在青藏铁路唐古拉山作业的 14 余万名筑路员工无一人因急性高山病死亡的医学奇迹,川藏铁路动工在即,我们希望您老出山,为高原筑路工人的身体健康保驾护航……"

高原初春,寒风凛冽。4 月 8 日,中国工程院院士、青海省高原医学科学研究院院长吴天一在接受科技日报记者专访前,一通长途电话响起,让这位年逾古稀的院士打开了话匣子……

现年 84 岁的吴天一,身材清瘦、白发丛生,可精神矍铄、记忆力超群。

他是医者,被牧区群众亲切地称为"牧民的好曼巴(藏语曼巴意为医生)"。他也是科学家,为获取重要论证数据"粉身碎骨";为揭开藏族适应高原低氧环境之谜,耄耋之年编纂 340 万字巨著《吴天一高原医学》,填补世界高山医学空白。

纠正学界对高原肺水肿的错误认知

1937 年,在新疆伊犁的一个知识分子家庭里,一个名叫依斯玛义尔·赛里木江的塔吉克族男孩呱呱坠地，随父母迁居南京后，这个新疆男孩有了汉族名字——吴天一。

1958年，吴天一以优异的成绩从中国医科大学毕业。此时的他，已在部队当过一年的骑兵、荣立3次三等功、并参加了抗美援朝战争。

1962年，吴天一背起行囊，只身踏上青藏高原荒凉的土地，在中国人民解放军516医院担任主治医生。

20世纪五六十年代，青海省百废待兴，为服务地方经济社会发展，国家出台移居政策，十几万中原人民响应号召，浩浩荡荡从平原地区移居高原青海，在青海海拔最高、自然条件最艰苦的青南地区开荒种地。

不过，问题也随之而来。

由于高原地区严重缺氧，对此毫无经验的移居百姓抵达青海后，纷纷出现了不同症状的高原反应，大量居民患上了不同类型的高原病。苦于青海医疗条件和水平有限，很多高原病被当作普通肺炎、肺充血症进行治疗。

作为内科医生的吴天一，彼时曾接诊过一位从河南移居青海的老人。"患者当时60多岁，由于缺氧引发了躁狂症，注射镇静剂却不见效，我只能眼睁睁看着老人离世。那一年，我21岁。"病患的离世，深深刺痛了吴天一年轻的心。

"青藏高原缺氧、低压的恶劣环境，阻碍了人类开发高原的步伐，也威胁着这里居民的健康和安全，必须找出高原病的致病原因并不断研究下去。"这一决定，让吴天一走了一生，也让他和高原病较了几十年劲儿。

此后,吴天一开始了对高原病和藏族群体的研究工作。

1963年,吴天一首次在世界范围内提出发生在青藏高原的"高原肺水肿"并对其加以论证,而在此前很多文献都把高原肺水肿称为高山肺炎。这一重大发现如一声惊雷,对世界高山医学研究产生了巨大的影响。

此后12年,吴天一对青藏高原不同海拔、不同民族的人群进行了高原病调查,他通过对比研究得出结论:我国藏族群众已从器官、细胞和分子水平上,对高原环境建立起完善的整体适应机制,但其中依然有低氧易感的个体。这一研究揭开了藏族群众适应高原低氧环境之谜,相关成果立即在国际医学界引起强烈反响,纠正了一度流行的、主观臆断的"青藏高原居民不存在慢性高原病"的论点。

为获取资料十年走遍青海牧区

科研之路并不易走,在青藏高原从事科研,更是难上加难。回顾自己的科研经历,吴天一将其形容为"九死一生,粉身碎骨"。

自1980年起,为获取生理资料和病理资料,吴天一用了10年时间,踏遍了青海高原牧区的每一寸土地。这十年,他得到了10万份重要数据。

20世纪八十年代,位于青海省海拔最高地区的玉树藏族自治州、果洛藏族自治州,交通闭塞、自然条件恶劣。为采集藏族居民样本,吴天一每天都带领团队骑马前行,牦牛则驮着X光线检测仪、心电图仪、脑电图仪等设备跟随其后。

在此期间，一次严重的车祸，曾让吴天一险些送命。1985 年，在外出调研途中，吴天一乘坐的汽车从青海省橡皮山山顶翻至山脚下，吴天一满身是血、动弹不得。幸运的是，一位司机师傅路过，赶忙叫来附近的老乡进行施救。

这场意外，令吴天一全身 14 根肋骨骨折、髌骨粉碎性骨折、腿部胫腓骨全断，至今他体内还有一根十几厘米长的钢板。

除了在高原地区进行现场采样外，吴天一的另一项重点工作，就是进行高低压舱模拟实验。1995 年，吴天一在青海高原心脏病研究所设计并启动了首个模拟高海拔环境的高低压实验氧舱。

当时动物实验都已做过，第一次人体模拟试验由谁进去？吴天一几乎没有犹豫："技术设计是我做的，当然应该我第一个进去。"

实验开始后，操作人员缺乏经验，当大气压从海拔 8000 米标准开始下降，由于降速太快，刹那间吴天一头疼欲裂、鼓膜被打穿……彼时，吴天一虽然听力已严重受损，却摸清了舱体运转的安全系数。

1990 年，吴天一在国内首次组织国际阿尼玛卿山医学学术登山队，为获取大量人在特高海拔的高山生理学资料，他连续两个月面对皑皑雪山，导致双眼患上白内障。而当时植入他眼中的人工晶体，也在"服役" 20 年后"退役"脱落，需要再次进行手术。

74 岁高龄带队赶赴玉树救灾现场

2010 年 4 月 14 日，青海玉树发生了 7.1 级强烈地震，在 4000 米的高海拔地区，高原反应严重威胁着来自全国的救援队员的健康。

当时，已74岁高龄的吴天一闻讯立即请战，要求前往抗震救灾一线。因他的年龄，青海省卫生厅未敢答应。

"我当时就去找主管副省长，只说了两句话：玉树发生高原地震，我是从事高原医学的。我必须去，而且现在就走！"于是，吴天一任组长，率领14人组成的高原病防治专家组赶赴灾区救援。

4月16日早晨，他们到达玉树，成为最早到达玉树灾区的高原病防治医疗队。

吴天一到达灾区后，不顾年事已高，驱车前往了17个抗震救灾工作点，先后走进灾情最重、海拔最高的上拉秀、禅古、扎西科等乡村。

吴天一马不停蹄地从一个救援点奔赴下一个救援点，爬上废墟，走进挖掘点，进入简陋帐篷，为参与救灾的部队、消防人员、医疗队员讲解高原疾病预防知识，现场参与和指导急性高原肺水肿的抢救治疗，他还发挥精通藏语的优势，对灾区群众进行心理疏导，为在震后第3天便将3000多名重伤员全部运出灾区立下了汗马功劳。

如今，虽已年过八旬，吴天一的脚步却依然匆忙。

2020年末，340万字的医学巨作《吴天一高原医学》出版发行，这本书展示了吴天一50多年来在高原医学研究领域的研究成果和学术思想。其中，除了论述高原病外，吴天一还第一次从语言学、人类学、考古学和基因组合学等方面，论证了藏族群体在世界高原群体中已获得了"最佳高原适应性"这一观点。

50余年来，吴天一对发生在青藏高原的各型急、慢性高原病从流行病学、病理生理学和临床学方面做了系统研究。他提出的慢性高山病量化诊断标准被国际高山医学协会纳为国际标准并命名为"青海标准",于2005年在国际上统一应用。

拖着一身"负伤"的"零件",吴天一依然乐观坚毅,无悔付出。采访结束时,他这样对记者说:"人生很短,要做的事情很多。做高原医学,最需要的精神就是奉献,留在青藏高原,是我一生最正确的决定。这条路,我走对了。"

（科技日报记者　张　蕴）

《科技日报》（2021年4月26日　第5版）

辛育龄
愿做无影灯下"不老松"

辛育龄，男，汉族，1921年2月生，1939年7月入党，河北高阳人，中日友好医院原院长、胸外科主任，第五届全国人大代表。新中国胸外科事业的开拓者和奠基人。战争时期，曾与白求恩并肩战斗，多次冲上前线救治伤员。和平年代，长期致力于我国胸外科事业创建和发展，是我国人体肺移植手术第一人，在胸外科领域多个方面取得"从0到1"的突破，为我国卫生健康事业创新发展作出卓越贡献。荣获"全国劳动模范"、"全国先进工作者"等称号。

在中日友好医院的病房里,温暖的阳光照在一位百岁老人的床边。他是一位外科医生,那双饱经风霜的手,依然遒劲有力。

辛育龄,1921年2月出生,曾任北京胸部肿瘤研究所外科主任、副所长,中日友好医院首任院长、首席专家。他经历了抗日战争、解放战争、抗美援朝战争的考验,用一把刀、一根针、一支笔书写了传奇人生,被誉为"白求恩式的医生"。

百年沧桑,见证了一位白衣战士的赤胆忠心。他曾开展了国内第一例人体肺移植手术,是我国胸外科事业的奠基人;他首次将针刺麻醉应用在胸外科手术,在国际上引起极大轰动。他在手术台上坚守了60年,用仁心仁术赢得了百姓的信任。

白求恩身边的小战士

1937年,年仅16岁的辛育龄不愿做亡国奴,奋起参加了冀中人民自卫军,从此走上了为之奋斗一生的革命道路。

1938年5月,辛育龄正式参加了八路军,成为冀中卫生部后方医院的卫生员，后又被分配到制药厂，并加入了中国共产党。

1939年4月，辛育龄被派到白求恩医疗队担任司药，亲身感受到了白求恩毫不利己、专门利人的精神。辛育龄回忆，当时白求恩不顾个人安危，亲自带领手术队赴前沿阵地，同志们劝他："离敌人太近了，危险！"白求恩大夫却说，距阵地愈近，愈能多救些伤员。尽管简陋的手术室外炮火连天，手术室内的白求恩却镇定自若，不慌不忙地把手术做完，展现了超人的胆量和精湛的技术。

在一次战斗中，由于日本人飞机轰炸，驮药箱的马匹受惊，药品散落一地。辛育龄赶紧拽住惊马，整理药箱，左手臂却被划伤，鲜血淋漓。白求恩赶过来给他处理了伤口，这伤口瘢痕一直陪伴他走过战争年代。白求恩光荣牺牲后，辛育龄始终没有忘记白求恩的启蒙和教诲。白求恩全心全意为人民服务的精神，深深影响了他的一生。

1940年，刚满19岁的辛育龄担任冀中军区制药厂厂长。当时，部队里流行疟疾和疥疮。辛育龄走访当地郎中，带领职工和老乡上山采摘常山、青蒿等中草药，并且提取有效成分制成药片，方便战士服用，取得了良好疗效。他还研制成功一种治疗疥疮的皮肤擦剂软膏，很快消灭了疥疮。

1947年7月，辛育龄从延安的中国医科大学毕业后，被分配到中国医科大附属医院，成为一名外科大夫。辽沈战役时，辛育龄奉命带领医疗队赶赴沈阳参战。东北解放后，辛育龄被任命为盛京医科大学附属医院院长，顺利完成了医院改制。东北人民政府卫生部成立后，辛育龄被调任保健防疫处长兼干部保健委员会副主任、党组成员。抗美援朝战争开始后,辛育龄组织医疗队赴朝支援,负责收容伤员,安置在吉林、黑龙江等省进行治疗。

胸外科事业的拓荒者

1951年,辛育龄被我国政府派往苏联医学院学习胸外科技术,1956年获得医学副博士学位回国,掌握了当时国内尚属空白的胸外科技术。

回国后,辛育龄来到位于北京通州的中央结核病研究所(后更名为北京结核病研究所),组建了胸外科。当时,传统的结核病治疗方法,对于重症晚期肺结核病人治疗无效,病人经常发生窒息性死亡。辛育龄经过仔细研究,探索出双腔插管麻醉下肺切除手术,治疗了200多例重症肺结核合并大咯血病人,均获得成功。自此,双腔插管麻醉法在国内得以推广,为胸腔外科扩大适应症和保障手术安全提供了有效手段。

医学探索,永无止境。辛育龄还应用支气管残端黏膜外层缝合法,完成了4600多例肺切除手术,将残端瘘的发生率降低到0.4%,基本上制止了此类并发症,提高了肺切除手术的安全性和临床效果。1963年,辛育龄的相关论文在莫斯科外科学会上宣读后,受到国外专家的赞同,并被国内很多医院采用为常规缝合法。

20世纪五六十年代,我国绝大部分省份尚未建立胸外科。经卫生部门批准,辛育龄牵头在中央结核病研究所举办胸外科医师培训班。从1958年到1980年,共为全国培养出300余名胸外科技术骨干,他们很快成为全国胸外科的中坚力量。辛育龄经常赴各地帮助胸外科医师做手术，有40余家医院的胸外科是在他的指导下建成的。

辛育龄非常重视学习和运用祖国医学。临床上，肺癌术后患者常因刀口痛、咳痰困难和排尿不畅而苦恼，辛育龄在1958年学习中医过程中接触到针灸，发现在试用针灸治疗后患者的上述症状可以得到控制。于是，他把针刺麻醉作为开展中西医结合的突破点，成为针刺麻醉手术的实践者与推动者。

1970年6月25日，一台由辛育龄主刀的肺切除手术正在进行。这台手术首次运用一根针进行针刺麻醉获得成功，震惊了医学界。1972年2月，美国代表团访华期间，听说中国有一种名为针刺麻醉的技术，可以在病人清醒状态下实行肺切除手术，便提出要看手术的全过程。2月24日，美国代表团一行30余人在北京医科大学第三附属医院观摩了针刺麻醉手术实施的全过程。

患者是一名普通工人，因右肺上叶支气管扩张准备做右肺上叶切除术。从针刺麻醉操作者辛育龄在病人前臂外侧扎针捻动到实施开胸手术，从病人安详的表情到呼吸、血压、心律等数据，美国人全部做了摄像和记录。最后，全身麻醉需要两三个小时才能完成的手术，辛育龄用了72分钟就干净利落地完成了。术后，病人还从手术台上坐起来，笑容满面地回答了美国记者的提问。看到病人神志清醒，平静自如，没有痛苦，美国代表团成员被针刺麻醉的神奇效果折服了。

1984年10月23日，中日友好医院正式开院。第二年，辛育龄主动请求辞去院长，希望回到胸外科工作。他说："组织上交给我的筹建任务已经完成,接下来我更愿意专心做一名外科大夫。"

1986年,65岁的辛育龄萌发了用直流电杀灭肿瘤的大胆设想,动物实验获得成功。在查阅资料时,他发现自己的想法与一位瑞典科学家不谋而合。为此,辛育龄提出了不用开刀局部杀灭肿瘤细胞的"电化学疗法"。由于电化学疗法具有不开刀、创伤小、恢复快的优点,非常适合年老体弱的患者。辛育龄还在实验中发现,电化学疗法具有强力的止血效果,并将这一技术推广到治疗血管瘤领域。

辛育龄说:"中医要向西医学习,西医也要向中医学习,中医和西医要互相协作,更好地为人民健康服务!"

爱患者的慈祥长者

年过八旬之后,辛育龄仍坚持每周出门诊,并参加科室查房。辛育龄说:"病人是我们学习的源泉。医生为病人服务,也从服务中学习。我同病人已建立了深厚感情,看病是我最大的乐趣。"

中日友好医院胸外科副主任梁朝阳回忆,直到90多岁,辛育龄办公室的灯光仍然每晚亮起。自从成为一名外科大夫,辛育龄从未放下过手术刀。他说:"我最大的愿望,就是做一棵无影灯下的'不老松'。"

在患者眼中,辛育龄不仅是一位医学权威,更是一位慈祥的长者。有一次,他给一名6岁的患儿做血管瘤手术,由于患儿对麻醉药品过敏,出现麻醉意外,突然意识丧失,呼吸心跳停止。辛育龄十分镇定,他弯腰俯身,趴在床边,亲自为患儿做人工呼吸和心脏按压,直到患儿心跳、呼吸、意识恢复正常，而年逾七旬的辛育龄却累得腰都直不起来，经过一周的理疗才恢复过来。

辛育龄每次开胸之后，动作极其轻柔。他还提醒，胸腔镜手术用卵圆钳夹肺的时候要轻柔，能不夹最好不夹，避免不必要的损伤。在他的教诲下，胸外科一直保持着这个好传统。

为了减轻病人负担，他长期坚持出诊不设特需专家号，只设普通专家号。遇到经济困难的病人，他不仅千方百计节约费用，还会拿出自己的积蓄帮助病人。救治危重病人，他可以在手术室坚守七八个小时，术后彻夜不眠，亲自守护。他敢于承担风险，对于那些病情复杂又做过多次手术失败的病人，甘愿主动承担风险，尽量救治。

在离开白求恩的日子里，辛育龄沿着白求恩的足迹继续前进，成为白求恩精神的传承者，为广大医务工作者树立了一座"灯塔"！

（人民日报记者　白剑峰）

《人民日报》（2021年2月3日　第13版）

张桂梅
让教育之光照亮贫困山区

张桂梅，女，满族，1957年6月生，1998年4月入党，辽宁岫岩人，云南省丽江华坪女子高级中学党支部书记、校长，华坪县儿童福利院（华坪儿童之家）院长，党的十七大代表。扎根贫困地区40余年，创办全国第一所全免费女子高中，帮助1800多名贫困山区女孩圆梦大学，是为教育事业奉献一切的"张妈妈"。探索形成"党建统领教学、革命传统立校、红色文化育人"特色教学模式，用红色基因树人铸魂。拖着病体忘我工作，持续12年家访超过1600户，行程11万余公里。荣获"全国脱贫攻坚楷模"荣誉称号和"全国优秀共产党员"、"全国先进工作者"、"时代楷模"等称号。

乍暖还寒，山路迢迢。2月6日到16日间，张桂梅拖着病躯，家访了山区104个学生家庭，这是她连续第十三年的寒假家访。

2020年被评为全国优秀共产党员、时代楷模，张桂梅本色不变。作为云南华坪县女子高中校长、华坪儿童福利院院长，大年三十，她在福利院陪孩子们度过除夕，还亲手做了炸蘑菇和熘豆腐；大年初一，她认真巡查女子高中校园各个角落……

扎根边疆山区教育四十余载，张桂梅用教育之光阻断贫困代际传递，照亮了无数人的心。

创举——办一所免费女子高中

沿着县城边的狮山南巷往坡上走，是张桂梅曾工作过的华坪民族中学，女子高中就在旁边。红黄色调的大铁门上，是"扣好人生第一粒扣子"的红布标语。这所看上去不起眼的高中，在当地颇有影响力：女高成立前，华坪县中考升学率还不到50%，2020年达到90%以上，全县高考升学率多年在丽江保持第一；以前农村女孩早婚早育的多，现在读高中的越来越多。

华坪女子高中,就是一所因抵抗贫困而生的学校。

1996年丈夫去世后,张桂梅从大理调到华坪教书,面对傈僳族、彝族、纳西族的学生,大山里的贫困超出了她的想象。有家长带着一包钢镚和角票交学费,有学生只吃饭不吃菜,有的头天晚上把大米放进暖水瓶做早点。班上男生多女生少,"一些女生读着读着就不见了"。

张桂梅意识到:提高山区母亲们的教育水平,将至少改变三代人!2002年她开始筹建免费女子高中,"规模化"地帮助山里女孩,改变她们的命运和家庭贫困。

但贫困地区办免费高中,这在许多人眼里简直是异想天开。

可张桂梅不这么想,为了改变这片贫困的土地,她毅然踏上募捐之路。5年间,她被人放狗咬,被吐口水骂是骗子,一次太累还坐在机关大门口睡着了。姐姐心疼,骂她:这是人干的事吗?女子高中办公室主任张晓峰却说:"直面贫困,张老师最懂山里人的渴盼,她是大山的女儿。"

2007年,张桂梅当选党的十七大代表。在北京开会时,一篇"我有一个梦想"的报道,把她女子高中的梦在北京传开。随后丽江市和华坪县各拿出100万元,帮助张老师办校。从此,女高这棵教育扶贫的"珍稀苗木"栉风沐雨茁壮成长。

华坪女子高中的教师工资和办学经费均由县财政保障,学校建设一直由县教育局负责。女高学生除了自己的生活费,其余全免。张桂梅说,女高不是普通学校,是贫困家庭未来的希望。

2016 年，华坪女高建设完成，学校有了食堂、宿舍和塑胶运动场，在校生达 460 多人。连续多年，华坪女高不仅一本上线率保持在 40% 多，高考成绩综合排名也位居丽江市第一。建校至今，把 1804 个大山女孩送进大学。

奇迹——红色教育让"丑小鸭变天鹅"

2008 年，首届 100 名学生招进来了，学校却面临难以想象的困难：华坪女子高中只有一栋教学楼，连围墙和厕所都没有，学生吃饭要到旁边的民族中学。几间教室，是老师们的宿舍，睡的是大通铺。没多久，17 名教师就走了 9 个。

张红琼是女子高中的资深老师，受张桂梅一次演讲感召，2008 年建校时她坐 17 个小时大巴车来投奔张桂梅。张红琼也曾打过退堂鼓，但当她拿着辞职申请忐忑地来到张桂梅办公室门口，看见张桂梅正在吃药，心里实在不忍。她说："我是自愿来的，是党员，这时候不能一走了之。"

剩下的 8 个老师中，有 6 个是共产党员。打小就读《红岩》的张桂梅，一下子找到了精神支点和工作抓手。她让人在教学楼二楼画了一面党旗，举起右手咬牙宣誓：人在，教育扶贫的阵地就在！

十多年来，女高每周"五个一"教育：党员戴党徽上班，重温入党誓词，组织理论学习，合唱革命歌曲，看红色影片。

看看华坪女子高中的"速度和激情"吧。女生们 5 点半起床，晨起

5 分钟后洗漱完毕，跑步上下楼梯，课间出操 1 分钟站好队。从下课铃响起，到跑进食堂排队、打饭再吃完，10 分钟内完成。

女高不只有严苛的纪律和领先的升学率。这里的老师，像姐姐哥哥一样关心学生。这里的学生抗压能力强，还特自信。

在北京"时代楷模"发布现场，毕业生们在荧幕上一个一个向她汇报："我现在是医生，我现在是警察……"张桂梅忍不住举起手掩面而泣："她们一个个跟以前完全不一样，丑小鸭变天鹅了。"

精神——"豁出去一点，怕什么"

2020 年 12 月 30 日下午，云南省委在昆明举行张桂梅先进事迹报告会。当晚张桂梅就赶回了华坪，11 点多到，她下车就去办公室了。

张桂梅身患心脏病、肺气肿等 23 种疾病，多次送往医院抢救才活过来。她行走困难，上下楼梯都是攥紧扶手，一步步地挪。可是每天早上 5 点，她都准时起床，第一个出现在校园里，每天至少 3 次巡校、查课……

张桂梅没有子女，也没有财产，至今和学生一起住在女生宿舍里。她的钱都去哪儿了？30 万元的"兴滇人才奖"奖金，一次性捐给华坪县丁王民族小学建教学楼；昆明市总工会专门拨给她治病的 2 万元钱，最终也捐了。张桂梅把全部奖金、捐款和大部分工资累计 100 万余元，捐献给了山区孩子们和其他需要的人。

说起为啥想要办学校，张桂梅最初的想法就是报恩。中年丧夫，自己随后又重病缠身，在张桂梅最艰难的时候，是华坪这片热土接纳了她，给了她第二次生命。张桂梅告诉记者，山里的学生太穷了太苦了，自己想帮帮他们。县政协委员们向她鞠躬、县妇代会上给她捐款治病……回首往事，张桂梅感慨，"水激石则鸣，人激志则宏"。

荣誉越来越多，名气越来越大，她越来越意识到自己的责任。"有人说我爱岗敬业，有人说我疯了，有人说我为了荣誉，也有人不理解。一个人浑身有病，为啥还比正常人苦得起？"张桂梅解释说，"我心里始终有一股劲：你豁出命改变她们的命，值！人生老病死都正常，豁出去一点，怕什么？"

（人民日报记者　徐元锋）

《人民日报》（2021年2月22日　第10版）

陆元九
一腔赤诚为祖国航天

陆元九,男,汉族,1920年1月生,1982年12月入党,安徽来安人,中国航天科技集团有限公司科技委顾问,中国科学院院士、中国工程院院士,第三届全国人大代表,第五、六、七届全国政协委员。我国自动化科学技术开拓者之一。作为早期出国留学的博士,新中国成立初期,突破重重阻力毅然回到祖国怀抱,潜心研究,矢志奉献。首次提出"回收卫星"概念,创造性运用自动控制观点和方法对陀螺及惯性导航原理进行论述,为"两弹一星"工程及航天重大工程建设作出卓越贡献。荣获"航天奖"。

他生于旧中国风雨如磐的岁月，在战乱中辗转求学，远渡重洋出国深造；他冲破阻力回到祖国怀抱，为我国自动化研究与发展起到了开拓性作用；他在年近花甲重返科研一线，为中国航天事业发展殚精竭虑。

他就是中国科学院院士、中国工程院院士，国际宇航科学院院士、我国著名的惯性导航及空间飞行器控制专家、我国自动化科学技术开拓者之一陆元九。

科技报国探新知

1920年，陆元九出生于安徽滁州一个教员家庭，由于生日是元月九日，故父亲为其取名"元九"。

陆元九的父亲十分注重并鼓励子女读书。中学时，父亲常用"二月杏花八月桂，三更灯火五更鸡"的精神教育他要珍惜时间刻苦读书，这对陆元九树立学习的自觉性起到了重要作用。

1937年，陆元九考入已由南京迁至重庆的中央大学，成为中央大学航空工程系招收的首批本科生,也是中国内地第一批系统学习航空技术的大学生。

在硝烟弥漫的岁月求学,陆元九盼望早日成才、报效祖国的心日益坚定。四年里,他学习了发动机专业的必修课程和空气动力学课程,还自学了飞机结构设计,并选择了飞行力学方面的毕业论文,加深了对空气动力学的理解。

毕业后,陆元九留校任教,并利用业余时间努力学习,最终获得了公费赴美留学的资格。

1945年到达麻省理工学院后,一心想要"学点新东西"的陆元九没有选择"驾轻就熟"的发动机相关专业。他了解到,国际上著名的自动控制专家德雷伯教授在航空系新创仪器学专业,富有挑战精神的他毅然申请参加仪器学教研室的工作,并获批准。

二战期间,惯性技术已在航空、航海领域广泛应用,惯性导航则尚处于萌芽阶段。德雷伯力主将自动控制理论和方法应用于惯性测量技术领域,依靠控制技术来提高惯性测量系统的精度。美国政府看到这项技术十分关键,将其列为重要的军事研究项目。

经过努力争取,陆元九成为德雷伯教授在这个新设仪器学专业的首位博士研究生,走进了该学科领域的前沿。

归途万难只等闲

1949年,陆元九双喜临门:一是获得了博士学位;二是与留美硕士、安徽同乡王焕葆喜结良缘。获得博士学位后，29岁的他被麻省理工学院聘为副研究员、研究工程师，在导师的科研小组继续从事研究工作。

在美国有了孩子又有固定工作的陆元九，为了免受移民局的审问，办理了绿卡。拿到绿卡之后，美国政府又施压，让学校动员他"升级"为美国公民，但陆元九不为所动。

因为当时，新中国百废待兴，他一边工作，一边参加进步组织，积极为回国作准备。

为了扫清回国障碍，陆元九主动离开麻省理工学院涉密的岗位，调往土木系的一个研究室，后来又离开大学，到福特汽车公司科学实验室工作。期间，他参与了多项先进科技项目的探索，其中包括世界上第一辆气垫式汽车的研制。

1955年底，邮局公告栏中的几行中国字让陆元九眼前一亮。公告大意是：在美国的中国人包括留学生，自愿回国的现在可以回去，如有困难需要帮助，可找印度驻美国大使馆接洽……

归心似箭的陆元九立即作出回国的决定。一年后，他通过印度驻美国大使馆开具的证明订上了回国的船票，经过23天的海上颠簸，终于结束了11年的游子生活。

艰苦创业写辉煌

新中国的巨大变化，让陆元九耳目一新。他带着惯性导航这一先进的技术和一腔报国热情回到祖国，准备大干一番。

被分配到中国科学院后,陆元九开始参与筹建自动化研究所,从队伍组建到办公场地的落实,再到试验设备购置,他都亲力亲为。接着他又去苏联考察,请专家来华讲学;到全国各地调研,研究探索自动化科学领域的发展前景,为我国自动化研究与发展起到了开拓性作用。

1958年,毛泽东主席发出"我们也要搞人造卫星"的号召,中国科学院自动化研究所的任务由原来的工业自动化转向探空火箭、卫星方面。陆元九大胆提出:要进行人造卫星自动控制的研究,而且要用控制手段回收。这是世界上首次提出"回收卫星"的概念。

经过两个多月的实验研究,1958年10月,运载火箭结构图和我国第一个探空火箭仪器舱模型在陆元九和同事手中诞生。

作为一名科研工作者,陆元九在学术著作上也颇有建树。20世纪60年代初,陆元九在负责中国科学技术大学多项工作的同时,还坚持撰写专著,把自己在陀螺、惯性导航方面的所学所用编撰成书。1964年,他的著作《陀螺及惯性导航原理(上册)》出版,这是我国惯性技术方面最早的专著之一。他提倡"元件为主,测试设备先行"的研制方针,对我国惯性技术的发展起到了重要推动作用。

一丝不苟献航天

1978年,"科学的春天"来临,已近花甲之年的陆元九重回科研一线,被调往北京控制器件研究所任所长。

担任所长期间，陆元九积极参加航天型号方案的论证工作。他根据国外惯性技术的发展趋势和国内的技术基础对新一代运载火箭惯性制导方案的论证进行了指导，即确定采用以新型支承技术为基础的单自由度陀螺构成平台 – 计算机方案。

在他的领导下，国家批准建立了惯性仪表测试中心，为我国惯性仪表研制打下坚实基础；中国航天先后开展了静压液浮支撑技术等预先研究课题以及各种测试设备研制。

在陀螺与惯性导航技术科研一线工作5年后，陆元九开始更多地从事项目评审、成果鉴定、故障分析和推进人才培养等方面的工作。

航天工作的特殊性质，决定了对质量、安全的极高要求。陆元九深知航天无小事，航天人如没有事事认真的精神，很难扼住失败的命运。

他常说："上天产品，99分不及格，相当于零分。100分才及格，及格了还要评好坏。"因此，在工作中，陆元九非常严谨认真。

1996年，我国"长征三号"乙运载火箭首次发射失败，点火后2秒，火箭发生倾斜，飞行20秒左右坠落焚毁。这次灾难性的事故，使中国遭受巨大损失。

为了尽快找出故障、查明原因，76岁高龄的陆元九临危受命。他身先士卒，不顾年事已高连日工作，两三天不睡觉是常有的事。大家都说，没有陆先生的认真精神，不一定能把问题查得这样仔细、彻底、清楚。

参加技术问题讨论时，陆元九常说，自己是外行，先要向别人学习，遇到不懂的地方就要虚心询问，解决问题的良方，还是"认真"二字。

桃李不言蹊自成

让年轻人"进步快一点",一代接一代擎起航天事业的旗帜,是陆元九的夙愿。

在中国科学院自动化研究所建所初期,他就组织了科研人员的专业技术学习和外语学习,并亲自讲授英语和专业课程。当时他还兼任中国科技大学教授和自动化系副系主任,讲授陀螺及惯性导航方面的课程。在航天部控制器件研究所担任所长期间仍亲自给年轻的科技人员讲授英语和专业技术。

2005年,陆元九发表了文章《航天人才科学作风培养》,受到航天科技集团领导高度关注,随即部署落实。

在他的带动下,航天系统自培高学历人才已成风尚,一批高学历、高素质的中青年科技骨干活跃在我国航天科研、管理领域,为我国航天事业的持续发展开创了良好局面。

在他九十华诞之际,他的学生们发来贺信,写道:"尽管我们现在都已年过古稀,但我们多想再在教室里听您讲述各种'原理'。"

如今,已至期颐之年的陆元九仍在为我国航天事业贡献余热。他在陀螺、惯性导航等领域求索奋进的铿锵足音,与我国航天创举的一曲曲凯歌交响共鸣。

(采集工程项目办公室 / 中国科协创新战略研究院)

中国科学家 2021 年 4 月 23 日

陈红军
英雄屹立喀喇昆仑

陈红军，男，汉族，1987年3月生，2009年4月入党，2020年6月牺牲，甘肃两当人，中国人民解放军某部原分队长。新时代革命军人的杰出代表，坚守高原边防10年，带领官兵完成各种急难险重任务。2020年6月15日，奉命带队前往一线紧急支援，在同外军战斗中，英勇作战、誓死不屈，为捍卫祖国领土主权、维护国家核心利益壮烈牺牲。被追授"卫国戍边英雄"荣誉称号。

> 我站立的地方是中国
>
> 我用生命捍卫守候
>
> 哪怕风似刀来山如铁
>
> 祖国山河一寸不能丢
>
> ——高原边防官兵喜爱的一首歌

喀喇昆仑高原,横亘西部边境。

立春过后,大江南北暖意渐浓,高原深处的加勒万河谷依然严寒彻骨,大河冰封,群山耸立。

这里是祖国的西部边陲,也是守卫和平安宁的一线。来自天南海北的一茬茬官兵,扎进茫茫群山,挺立冰峰雪谷,用热血和青春筑起巍峨界碑。

2020年4月以来,有关外军严重违反两国协定协议,在加勒万河谷地区抵边越线修建道路、桥梁等设施,蓄意挑起事端,试图单方面改变边境管控现状,甚至暴力攻击我前往现地交涉的官兵。

面对外方的非法侵权挑衅行径,我边防官兵保持克制忍让,尽最大诚意维护两国关系大局和边境地区和平安宁。在忍无可忍的情况下，边防官兵对暴力行径予以坚决回击，取得重大胜利，有效捍卫了国家主权和领土完整。

官兵们敢于斗争、敢于胜利，展现出誓死捍卫祖国领土的赤胆忠诚和一不怕苦、二不怕死的战斗精神，涌现出某边防团团长祁发宝、某机步营营长陈红军和战士陈祥榕、肖思远、王焯冉等先进典型，彰显了新时代卫国戍边英雄官兵的昂扬风貌。

中央军委授予祁发宝"卫国戍边英雄团长"荣誉称号，追授陈红军"卫国戍边英雄"荣誉称号，给陈祥榕、肖思远、王焯冉追记一等功。

雪山回荡英雄气，风雪边关写忠诚。

"决不把领土守小了，决不把主权守丢了！"万千官兵发扬喀喇昆仑精神，克服极度高寒缺氧，守边护边、不怕牺牲，像钉子一样牢牢钉在战位上。

巍巍喀喇昆仑，座座雪峰耸峙。

千里热血边关，遍地英雄屹立。

宁洒热血　不失寸土

"面对人数远远多于我方的外军，我们不但没有任何一个人退缩，还顶着石头攻击，将他们赶了出去。"

——陈祥榕对一次战斗的记录

英雄勇敢无畏，只因责任在肩。一线官兵常说，我们身后就是祖国，当国家受到侵犯时，唯一的选择就是冲锋向前。

清晨，当哨声响彻营房，班长李确祥又想起了一笑就露出两颗小虎牙的陈祥榕，想起了那个新兵的第一次冲锋。

那是 2020 年 5 月初，外军越线寻衅滋事，李确祥和陈祥榕等紧急前出处置。李确祥问年轻的战友："要上一线了，你怕不怕？"陈祥榕回答："使命所系、义不容辞！"

他们赶到前沿后与对手殊死搏斗，坚决逼退越线人员。陈祥榕在日记中自豪地写道："面对人数远远多于我方的外军，我们不但没有任何一个人退缩，还顶着石头攻击，将他们赶了出去。"

诚既勇兮又以武，终刚强兮不可凌。面对严峻斗争考验，一线官兵越是艰险越向前，生死关头更凛然。

2020 年 6 月，外军公然违背与我方达成的共识，越线搭设帐篷。按照处理边境事件的惯例和双方之前达成的约定，团长祁发宝本着谈判解决问题的诚意，仅带几名官兵，蹚过齐腰深的河水前出交涉。

交涉过程中，对方无视我方诚意，早有预谋地潜藏、调动大量兵力，企图凭借人多势众迫使我方退让。

"他们的人陆续从山崖后冒出来，黑压压挤满了河滩……"参谋陈鸿宇回忆说，"我们人虽少，可拼了命也不能退呀！"

祁发宝张开双臂挡在外军面前，大声呵斥："你们破坏共识，要承担一切后果！"同时组织官兵占据有利地形。

官兵们组成战斗队形，与数倍于己的外军对峙。对方用钢管、棍棒、石块发起攻击。祁发宝成为重点攻击目标,头部遭到重创。

见此情景,陈红军带人立即突入重围营救团长,陈祥榕作为盾牌手战斗在最前面,摄像取证的肖思远也冲到前沿投入战斗。

增援队伍及时赶到,一举将来犯者击溃驱离,取得重大胜利,外军溃不成军、抱头逃窜,丢下大量越线和伤亡人员,付出了惨重代价。

军医韩子伟记得,祁发宝被救出后,左前额骨破裂,有一道十几厘米长的口子。包扎伤口时,"他一把扯掉头上的绷带,还想起身往前冲,那是他最后一丝力气,随后又晕倒了"。

陈红军、陈祥榕、肖思远毫不畏惧、英勇战斗,直至壮烈牺牲。王焯冉在渡河前出支援途中,为救助战友牺牲。

祖国山河终无恙,守边护边志更坚。

那场战斗后,"宁将鲜血流尽,不失国土一寸"被很多官兵自发写在了头盔里、衣服上,刻印在青春的胸膛里。

那场战斗后,陈祥榕所在连队斗志更加旺盛,服役期满的士官100%主动留队,所在团义务兵踊跃申请选取士官继续战斗。

那场战斗后,王焯冉所在团18名女兵3次请战,她们在请战书中写道:"愿同男兵一样英勇战斗,甚至流血牺牲!"

捍卫着英雄誓死捍卫的国土,肩负着英雄用生命践行的使命,一股"学英雄、当英雄"的热潮涌动喀喇昆仑高原。

如今,加勒万河谷的前哨上,官兵们时刻高度戒备,牢牢扼守河口;风雪飞扬的驻训场,官兵们驾驶新型战车精训苦练,随时准备迎敌亮剑;新型保温营房内,官兵们齐装满员、战斗生活物资充足,做好了长期斗争准备,纷纷表示——

我已严阵以待,犯我者必遭迎头痛击!

赤胆忠诚　皆为祖国

"我们就是祖国的界碑,脚下的每一寸土地,都是祖国的领土。"

——摘自肖思远的战地日记

春节前夕,来自祖国四面八方的又一批新战士,走进喀喇昆仑腹地的军营,准备在新训后奔赴高原边防一线。

有人说,选择这片高原,是既需要理想、更需要勇气的。天下有那么多的好地方,一颗颗年轻的心却偏偏选择了边关——

1997年,高中毕业的祁发宝报名参军,带着新兵营"军事课目考试第一名"的成绩向组织申请:到高原去、到斗争一线去。

2009年,陈红军从地方大学毕业,本已通过公安特警招录考试,可听说要征兵就临时"变卦"了,最终走进火热军营。

2016年后,年轻的肖思远、王焯冉、陈祥榕也相继走上边关。一年年来,无数与他们一样的青年做出同样的选择。

走上高原是因为理想,留在高原则考验信念。

他们首先要战胜的,是无法摆脱的高寒缺氧,满目的荒漠冰川,漫长的冬季封山,以及由此形成的遥远而荒凉时空……

就在这样的环境下,他们必须时刻警惕,随时准备挺身而出,挫败一切侵犯中国领土的图谋。

官兵说，风与雪的洗礼、生与死的考验就像一个超级过滤器，足以滤去你心中所有的浮华，最后只剩下对这片土地清澈的爱。

"清澈的爱，只为中国。"这是18岁的陈祥榕写下的战斗口号。班长孙涛问他："你一个'00后'的新兵，口号这么'大'？"

"班长，这跟年龄没关系，我就是这么想的，也会这么做的。"他坚定地说。

这种爱，无关年龄，都是一份"边关有我在，祖国请放心"的勇敢担当——

"头顶烈日乐为祖国守边防、手扶蓝天甘为人民作贡献。"祁发宝勘察天文点前哨，默念着老营房上的这句标语感慨不已："老前辈在那么艰苦的条件下，都能坚守边防一线，现在我们更应该担起责任，把边防守好。"

肖思远牺牲后，战友们整理遗物时，看见他在一篇战地日记中写道："走在喀喇昆仑，我们就是祖国的界碑，脚下的每一寸土地，都是祖国的领土，无比自豪！"

这种爱，无关年龄，都是一腔"党叫干啥就干啥"的赤胆忠诚——

陈红军所在营官兵聊起营长时说："他最喜欢的，似乎除了工作还是工作。"在一本书中，他特意标注了一段话："党把自己放在什么岗位上，就要在什么岗位上建功立业。"

走上斗争一线前，王焯冉向党组织递交了入党申请书。他说："这个时候递交入党申请书，就是希望组织能在任务中考察自己，在斗争一线考察自己。"

边防斗争中,他们用青春和热血践行了自己的誓言。

万千将士如斯,万里边关如铁。"为人民戍边、为祖国守防"成为一代代边防官兵赓续传承的血脉信念。

今天,坚守着无数边防军人用生命筑起的精神高地,祁发宝所在团有5任团长仍然并肩奋战边防斗争一线。

今天,读着身边团长、营长、班长的英雄故事,新一代喀喇昆仑卫士茁壮成长。

官兵一致　生死与共

"对峙时干部站前头、战士站后头,吃饭时战士不打满、干部不端碗,野营时战士睡里头、干部睡风口。"

——祁发宝所在团不成文的"规定"

海拔5000多米的高原,"进藏先遣英雄连"连旗迎风招展。连旗下,全连官兵庄严宣誓:向王焯冉烈士学习,发扬"先遣精神",坚决完成边防斗争任务……

1950年,先遣连130多名官兵在党支部书记李狄三带领下,以牺牲63人的悲壮,将五星红旗插上藏北高原。

当年,李狄三病情严重时,恳请党支部不要再给他用药,把最后一支盘尼西林留给其他战友……70年后,面对滔滔激流时,23岁的王焯冉同样选择了把生的希望留给战友。

那天，王焯冉和战友马命等连夜渡河增援一线，第4次蹚河时有人被激流冲散，王焯冉和马命拼尽全力将3名战友推上岸，自己却被冻得几乎失去知觉。

突然，王焯冉一只脚被卡在了水下巨石缝中。危急时刻，他将马命猛地推向岸边："你先上，如果我死了，照顾好我老娘！"马命获救了，王焯冉则永远倒在了刺骨的激流中。

一个英雄的集体，必然是团结的集体。回顾那晚的战斗，官兵们含泪讲述着一个又一个生死与共、舍命相护的故事——

看到祁发宝受到攻击重伤倒地，营长陈红军当即带着官兵，冲进"石头雨""棍棒阵"营救团长。

听到有人喊"营长连长被围攻了"，陈祥榕迎着对手冲去，用身体和被砸坏的盾牌护住营长连长。

发现还有战友被围攻，肖思远再次冲向前去，拼死营救战友，用身体为战友遮挡石块、棍棒的攻击。

"团长顶在最前面阻挡外军，营长救团长、战士救营长、班长救战士。"回顾那场战斗，一名指挥员动情地说，我官兵上下同欲、生死相依是这次战斗以少胜多的关键所在。

边防斗争中，各级指挥员与官兵同住地窝子、同爬执勤点、同吃大锅菜、同站深夜哨、同背给养物资，平时铆在一线、战时带头冲锋，凝聚起以命相托的生死情谊和团结战斗的强大力量。

祁发宝所在团一直有一个不成文的"规定"："对峙时干部站前头、

战士站后头，吃饭时战士不打满、干部不端碗，野营时战士睡里头、干部睡风口。"

战士张明最难忘那次渡河——

巡逻途中路过一条冰河，祁发宝带头跳下水探路，张明和几名战士也准备直接蹚河，却被团长叫住了："水很凉，我背你们！"本已过河的祁发宝蹚水回来，把张明背起来一步一晃往前走……

战士夏良最难忘那次宿营——

河谷深处寒风凛冽，陈红军带着官兵巡逻到达指定点位，宿营地遍地碎石。夜里，义务兵及有高原反应的官兵住进了运输车大厢，陈红军则带着干部骨干在空地上支起帐篷打地铺……

平时甘苦与共，战时生死与共。

战斗结束清理战场时，战士王钰发现陈红军等人牺牲现场。他看到，一名战士紧紧趴在营长身上，保持着护住营长的姿势。

这名战士，正是陈祥榕——陈红军平时关爱最多的"娃娃"之一。

以身许国　青春无悔

"穿上军装的那一刻，他就不再是一个普普通通的公民，身上肩负的是军人的天职，所以我也很为他感到骄傲。"

——姐姐眼中的陈祥榕

刚刚过去的冬天里，一封家信在高原广泛流传，激励官兵战风斗雪、坚守一线——

"奶奶，这么长时间里我最牵挂的就是您，孙子这些年一直想好好让您享福，可是我却一直不在家……

爸妈，儿子不孝，可能没法给你们养老送终了。如果有来生，我一定还给你们当儿子，好好报答你们。"

这封家信是王焯冉执行任务前写下的。字里行间，战士的家国情怀催人泪下，边防斗争的严峻考验也跃然纸上。

对此，祁发宝也深有体会。20多年的戍边岁月中，他先后40多次遭遇暴风雪和泥石流，13次与死神擦肩而过。

孩子刚出生，祁发宝就匆匆归队，妻子生病时他总是不在，父亲去世时他因执行任务未能及时赶回……

丈夫身许国，私恩邈难顾。一名老边防深情地说，戍守高原的军人不是不顾家，而是每当走上边防一线，身后就是整个国家；不是不会爱，而是没有足够的时间去爱。

正是渴望爱情的年龄，肖思远的钱包里珍藏着一张漂亮女孩的照片。牺牲当天，他还憧憬着未来："她支持我在部队长干，我想娶她，给她做一辈子的菜……"

还有4个多月就要当爸爸了，陈红军身在一线仍想方设法托后方的战友，提醒妻子按时产检。他答应妻子，等到退役后"就一起带孩子、做饭、钓鱼"……

然而，他们都失约了。时光之舟桨橹轻摇、驶向未来，他们的爱，永远凝滞在了彼岸。

几个月过去了,陈祥榕的姐姐依然对弟弟思念无尽。她坚强地说:"当弟弟穿上军装的那一刻,他就不再是一个普普通通的公民,身上肩负的是军人的天职,所以我也很为他感到骄傲。"

肖思远牺牲后,16岁的弟弟时常梦见哥哥端着枪威武的样子。他下定决心:到了18岁,接替哥哥入伍,把哥哥的精神传下去!

2020年10月25日,陈红军的儿子出生了。那天是中国人民志愿军抗美援朝出国作战纪念日,陈红军妻子的爷爷是一名志愿军老战士,她相信这是冥冥之中的血脉传承。她坚强地说:"我要把孩子好好养大,让他成为像爸爸那样的人。"

英雄从未走远,精神薪火相传。气温低至零下30多摄氏度的高原上,一个个年轻的胸膛里热血澎湃——

在一线,官兵叫响"缺氧不缺精神、山高斗志更高"的口号,纷纷递交请战书要求上战场。

在一线,很多官兵主动推迟婚期、放弃休假,把执行边防斗争任务当成一辈子最为自豪的经历。

战斗热情在一线高涨,关怀温暖也向一线汇聚。在各级共同努力下,任务部队住进了保温营房,看上了卫星电视,穿上了防寒被装,打上了亲情电话,吃上了新鲜蔬菜水果……官兵们卫国戍边豪气充盈、斗志昂扬。

春节期间,华夏大地万家团圆、一片祥和;高原官兵枕戈待旦、高度戒备。见证着英雄官兵赤胆忠诚的加勒万河谷,山河如故、平静安宁。

一块崖壁上,八个大字遒劲有力。那是刚任团长不久的祁发宝带领战士们刻下的铮铮誓言,也是新时代英雄官兵捍卫祖国领土、不负先辈荣光的庄严宣示——

大好河山,寸土不让!

(解放军报记者王天益、琚振华,解放军报记者任旭、郭丰宽、李蕾参与采访)

《解放军报》(2021年2月19日 第1版)

林丹
居民心中最亲切的"小巷总理"

林丹，女，汉族，1948年12月生，1985年8月入党，福建福州人，福建省福州市鼓楼区东街街道军门社区党委书记，党的十七大、十八大代表。社区工作者的杰出代表，扎根社区40余年，始终为民爱民，当好党的"传声筒"、群众的"服务员"，脚踏实地做好社区每一项工作。以党建为引领，创新社区治理模式，推行"一趟不用跑、最多跑一趟"服务，设立居民恳谈日、居家养老服务中心等，把党的工作做到群众心坎上，被群众亲切地称为"小巷总理"。荣获"全国优秀共产党员"、"全国三八红旗手"等称号。

她是孤寡老人的"女儿",是失足青年的"妈妈",更是居民心中最亲切的"小巷总理",不论白天黑夜,上班下班,只要群众需要,她尽其所能解决居民所需。

五十年躬耕于社区,一片丹心只为民。她就是福州市鼓楼区东街街道军门社区党委书记——林丹。

"选择了入党,就是选择了为人民服务的追求和责任"

2020年1月24日晚上6点,林丹一如在社区工作的每个除夕夜,顾不上和家人吃团圆饭,匆匆赶至社区值班。从除夕那天起,参加疫情防控会议、布置工作、防控宣传、"守住"小区出入口、代买生活用品……林丹每天早出晚归,连轴不休是常态。

"林丹书记,酒店门口一名中年女子情绪激动,不愿离开,说自己身体不适,要求社区将她送医就诊",军门社区卫健主任余晓容回忆道,"深夜十二点多,我拨通了林丹书记的电话。"林丹撂下电话就同酒店沟通落实情况。为了不影响周边群众休息,保障女子的人身安全,林丹随即拨打了民警电话，将女子带到派出所进一步了解情况。直到得知女子被安全送回了家，林丹才放下心来，这时已是凌晨两点多钟了。

"工作重要，身体也要注意。"出门上班前，丈夫时常叮嘱。连轴转的工作让林丹的低血糖常犯，额头渗出冷汗。她顾不上身体，吃块随身携带的巧克力，拖着不适的身体坚持工作。有居民看到林丹不停地工作，纷纷劝她多休息。她说："社区就是我的家。作为党员，又是社区'家长'，我要竭尽全力守好'家门'。"

"把社区当成家，把居民的难事、烦心事当成自己的事。"林丹经常这么说，也一直这么做。

年过八旬的孤寡老人吴老太无依无靠，林丹就当起她的"女儿"，长年累月照顾老人的日常起居，把工资节省下来为老人置购日用品，还特意学了按摩技艺帮助老人，老人去世后又亲自给吴老太料理了后事。

社区青年小王入狱服刑期间，相依为命的母亲病逝了，租住的房屋被房东收回，林丹就将刑满释放后无家可归的小王领回了家，半年间她用对自己儿女般的真心相待，帮小王实现了有家的梦想。

在50年社区工作实践中，林丹时刻牢记自己共产党员的第一身份，她说："社区承担党和政府与群众联系的桥梁，社区工作关系百姓切身利益。选择了入党，就是选择了为人民服务的追求和责任。"

党建引领，为社区群众谋福祉

军门社区坚持党建引领，以居民需求为导向，不断深化"135"社区党建工作,尽心尽力为社区群众谋福祉。

"儿子考上了重点大学,我打心里感激林丹书记和社区工作人员。"老吴激动地讲起了自己的故事。他文化不高又没手艺,靠四处打零工维持生计;妻子在家操持家务并照顾老人。他们的第一个孩子在几个月大时不幸夭折,全家陷入悲痛。不久后,他们又添了小儿子小城。"添了孩子本是件开心事,但连吃饭都成了问题,如何养孩子?"

林丹反复琢磨,决定把党建工作融入帮扶助困。她为老吴申请了社区公益岗位,又帮他的妻子协调了一个夜市店面。经社区牵线,辖区党建联盟单位与老吴一家签订了帮扶协议,每月给予生活资助,逢年过节还上门慰问。小城上了大学,林丹又牵线共建单位每年送上6000元助学金,解决了学费问题。"林丹书记始终关心我们困难群众,如今生活条件有了大改善,我们对幸福生活也有了憧憬。"

"林丹,你这是典型的作秀!"时隔多年,林丹仍记得入户开展景观整治动员工作时,居民王女士指着她骂道。2012年,鼓楼区启动军门社区改造工程,作为第一批工程需要拆掉居民楼违建的阳台,这件事引起了一些居民的强烈不满。家住辖区地段的林丹,首先想到的是从自家开始拆除,然后发动党员拆除,为社区居民带好头。同时,林丹三番五次登门,动之以情、晓之以理,王女士的态度逐渐软化,不再暴语相向。

改造后的老旧小区重焕光彩,引进物管公司、健全基层党组织,群众的幸福感大大提升。

"社区工作没有最好,只有更好。"林丹牢记并践行习近平总书记的嘱托。"再就业一条街""星光服务中心"、婴幼儿"娃娃托"、"公办民营"的社区居家养老服务中心、全市首家公办小学生托管等，林丹把社区的一潭死水搅活，让群众得实惠，也赢得了民心。通过丰富的群众工作经验积累总结而成的以"13335"为核心要义的军门社区工作法，也成了全国党建引领社区治理创新和新时代群众路线生动实践的先进典型。

"只要我还能干，我就能够坚持到底"

因常年与群众打交道，林丹长期用嗓过度，接受了2次声带手术。2020年11月，刚刚做完喉咙息肉手术的林丹，由于手术失败，术后住进了ICU。声带严重受损，连吞咽都十分困难，医生建议她至少休养一个月。然而出院后的第三天，林丹克服病痛，又投入到她时刻牵挂着的社区工作中。"不能说话，我可以写字与群众交流，用行动服务群众。"声带沙哑，但为居民服务的赤诚之心却越来越火热。

谢榕是军门社区党委副书记，在林丹身边耳濡目染，她深有感触："'真心为民、敢拼会赢'是林丹书记喊出的口号，对待工作她满怀激情，她身上的那股韧劲、拼劲让我们这些年轻的社区工作者敬佩，我们要努力成为'林丹式'社区工作者。"

2014年11月，"林丹社区工作者培训基地"挂牌成立，林丹深知肩上的担子更重了。基地成立以来，先后选派省内外地区286名社区书记、主任到军门社区跟班学习。"做社区工作先要学会做人，懂得做人才懂得为人服务。社区工作者不是官，是居民群众的服务员。"教学中,林丹把多年的"工作经",通过言传身教的方式,带动党员干部热爱社区、扎根社区、服务社区。

付出不求回报,荣誉是最好的褒奖。全国优秀共产党员、全国劳动模范、全国三八红旗手、全国优秀社区工作者……130多项荣誉纷至沓来,这些荣誉和成绩不仅代表着党和国家对军门社区工作的肯定,也凝聚着林丹五十载为民服务志不改的热血与忠诚。

"为居民群众谋幸福,为社区工作贡献自己的一生"是林丹的初心,从她面对党旗庄严宣誓的那一刻起,那种初心就从来没有动摇过,"只要我还能干,我就能够坚持到底。"

(供稿:福州市纪委监委 鼓楼区纪委监委 东街街道纪工委 军门社区)

福建省纪委监委网站 2021 年 5 月 21 日

卓嘎
扎根雪域边陲的格桑花

卓嘎，女，藏族，1961年9月生，1996年7月入党，西藏隆子人，西藏自治区隆子县玉麦乡玉麦村农民，西藏自治区妇联副主席（兼职），第十三届全国人大代表。爱国守边精神的传承者，秉持"家是玉麦、国是中国"的坚定信念，数十年如一日以抵边放牧、巡逻的方式守护数千平方公里的国土，国旗挂遍走过的每一条路，践行了"再苦再累也要守好祖国的每一寸土地"的承诺。积极宣讲党的恩情，引导群众听党话、感党恩、跟党走。荣获"全国三八红旗手标兵"、"时代楷模"等称号。

"短短不到一年，玉麦能发生这么大的变化，真是做梦都想不到。"在西藏隆子县玉麦乡，正忙着收拾新居的卓嘎兴奋地对记者说。

一年前只有9户人家的玉麦乡，如今是个繁忙的工地。卓嘎、央宗姐妹的石头房不见了，取而代之的是统一规划建设的装配式三层小楼。"新房子跟以前相比，强太多了。以后开个甜茶馆，再卖点鸡血藤手镯、竹编制品等，生活足够了。"妹妹央宗快言快语，更让她高兴的是，去年大学毕业的儿子索郎顿珠，今年1月成了玉麦乡的一名公务员。

"家是玉麦，国是中国。请习近平总书记放心，我们一定会看好守好祖国疆域上的一草一木，带动更多农牧民群众像格桑花一样扎根在雪域边陲，做神圣国土的守护者、幸福家园的建设者！"一年前，从不主动说话的卓嘎，如今爱说爱笑，活泼开朗了许多。

"守护好祖先留下来的这片牧场，就是守卫了国家"

"玉麦天翻地覆的变化，源于党的治边稳藏好政策，特别是去年10月28日习近平总书记给我们回信后。"今年57岁的卓嘎，曾在1987

年至 2011 年间担任玉麦乡乡长。此前，自 1960 年在这块 3000 多平方公里的土地上设立了玉麦乡，乡长一直是她的父亲桑杰曲巴。

地处喜马拉雅山脉南麓的玉麦乡，离隆子县城不过 200 公里，但却隔着日拉山等 3 座海拔超 5000 米的大山，几成边陲孤岛，被称为"三人乡"——大部分时间里，只有桑杰曲巴和女儿卓嘎、央宗生活在这里，一栋房子，既是乡政府，也是他们的家。通过放牧，父女三人守护着祖国的疆土。"这里有苍莽林海和无边的草场，是个美丽富饶的地方。听我父亲讲，乡里原有 20 多户近 300 人，1959 年，很多玉麦居民迁往内地，因此到 1990 年，就只有我们一家三口住这里。"央宗说。

家是玉麦，国是中国——这是身为共产党员的桑杰曲巴给孩子最刻骨铭心的教育。他一针一线地缝制了三面五星红旗，插到村口。他告诉孩子："这是我们中国的国旗，比我们的生命还重要。"从那时起，卓嘎和央宗记住了，"守护好祖先留下来的这片牧场，就是守卫了国家。"

"让五星红旗永远在我们祖祖辈辈放牧的土地上飘扬"

"生活艰苦，日子孤寂，但有祖国，家就有希望。"央宗回忆说。

1987 年，年老体弱的桑杰曲巴从乡长的位置上退了下来，卓嘎当了乡长，央宗当副乡长。1996 年，两户人家从扎日乡回迁到玉麦，隆子县也是第一次向这里派了两名干部，玉麦由此彻底告别了"三人乡"。这一年，卓嘎、央宗姐妹入了党，玉麦因此有了乡党支部。

1997 年，有媒体报道了玉麦"三人乡"的情况，桑杰曲巴一家人放牧守边的事迹传遍了祖国大江南北。来自祖国内地的信件也第一次翻越崇山峻岭，来到卓嘎、央宗的面前。央宗笑着说，那一年姐姐竟然收到了很多求爱信。

"当时阿爸说，我们姐妹要是嫁出玉麦，那么谁来放牧守边？于是我们都嫁在玉麦，向阿爸发誓，一生守在玉麦，让五星红旗永远在我们祖祖辈辈放牧的土地上飘扬。"回忆起那段往事，55岁的央宗仍有些激动，"家是玉麦，国是中国，这一点，无论面对多大的挫折或者诱惑，我们姐妹俩从来没有动摇过。"

也因此，卓嘎35岁、央宗27岁才结婚成家，这在当时的边境牧区，几乎是不可思议的晚婚了。

山上的杜鹃花谢了又开，山下的竹子长了一茬又一茬。随着国家日渐强大，玉麦的喜事也多起来了。

2001年9月，老阿爸最大的心愿实现了——通往山外的公路修通了。当第一辆汽车开进玉麦的时候，老阿爸给这个"铁牦牛"献了哈达。这一年，桑杰曲巴坐着"铁牦牛"去了梦寐以求的拉萨，卓嘎则去了湖南韶山瞻仰毛主席故居。

2001年底，玉麦乡已经有了5户人家25人，有了边防派出所，有了小学和卫生院。这年冬天，77岁的桑杰曲巴老人过世了。

卓嘎、央宗姐妹清楚地记得，父亲临终时把乡亲们叫到屋里，叮嘱道："你们不能因为玉麦穷就离开这里。这是祖辈生活的地方，是我们中国的土地，一草一木都要守护好！"

"通过旅游等产业，让建档立卡的贫困户明年稳定脱贫"

"党的十八大以来，玉麦乡9户32人，家家户户的生活真的比蜜甜，各种惠民稳边政策向玉麦乡倾斜，人均收入超过了5万元。我们要赶在十九大之前给习近平总书记写封信，报告我们边疆人民的幸福生活，一定守好国土报党恩。"卓嘎说。

去年10月28日，习近平总书记给卓嘎、央宗姐妹回信了，肯定她们父女两代接力为国守边的行为，并希望她们"继续传承爱国守边的精神，带动更多牧民群众像格桑花一样扎根在雪域边陲，做神圣国土的守护者、幸福家园的建设者"。

总书记的回信，极大地鼓舞了卓嘎、央宗姐妹放牧守边的决心，也带给她们荣誉和责任。今年初，卓嘎当选为全国人大代表，央宗被推选为西藏自治区政协委员。

如今的卓嘎、央宗姐妹，在玉麦乡还是守着牧民的本分。现在57岁的卓嘎有3个女儿，55岁的央宗有一双儿女，他们放牧着140多头牦牛，继承父亲桑杰曲巴放牧守边的遗愿，守护着玉麦的每一寸土地。

玉麦作为西藏加快推进边境小康村建设的样本，短短一年时间里，这里修通了标准更高的公路；按人均55平方米的标准，当地党委和政府给每户牧民修建了统一规划建设的装配式楼房；游客纷至沓来，餐馆的生意红火，竹编、鸡血藤手镯等当地手工艺品供不应求……

"我们深知，玉麦旧貌换新颜，都是习近平总书记、党中央关怀的结果。我们一定牢记嘱托，带动更多牧民群众像格桑花一样扎根雪域边陲。"卓嘎说，玉麦乡已接纳了来自隆子县其他乡镇的数十位贫困群众落户，"我们将全力帮助贫困户，通过旅游等产业，让建档立卡的贫困户明年稳定脱贫。"

（人民日报记者　邓建胜）

《人民日报》（2018年10月19日　第6版）

周永开
老去的是岁月
不变的是信仰

周永开，男，汉族，1928年3月生，1945年8月入党，四川巴中人，四川省原达县地委副书记。一生追随党、赤诚为人民。解放前，冒着生命危险在川北地区开展党的地下工作。新中国成立后，全心全意为百姓造福，恪尽职守推动地方发展、脱贫攻坚、改善民生和生态建设，是群众心中的"草鞋书记"。离休后带领群众植树造林，在当地建成国家级自然保护区，被亲切地称为"周老革命"。荣获"全国优秀共产党员"、"全国离退休干部先进个人"等称号。

91岁的周永开终于不再"躲"了。采访他，不少记者吃过"闭门羹"。听闻第二天有记者来，他会在头一晚悄悄离开。记者对他的普遍印象是"只愿做事，不愿出名"。身边人说，他从始至终都觉得，这些是普通共产党员该做的事情，不应该宣传报道。

7月4日，达州市纪委会议室里，拥有74年党龄的周永开为全市纪检监察系统党员干部上了一堂党课。记者们"装"成听课人，才有了和他面对面的机会。精神饱满、声音洪亮、思路清晰，与人握手时传递着一股力量。这次，身边人告诉他，记者采访是为了党员教育事业，他才同意了。

为期三天的采访中，我们遍访周永开的亲友、同事，试图从平凡小事中见识他的不凡。在亲友眼中，他是艰苦朴素、舍小家为大家的"老爷子"；在同事眼中，他是至纯至粹、对党至忠至诚的"周书记"；在万源市花萼山人眼中，他是用心谋事、动情做事的"周老革命"；在记者眼中，他是不忘初心、发挥余热干到老的"周老前辈"。

至纯至粹 74 年为民情怀不减

记者第一次见到周永开,是在他居住了近 30 年的老房子里。年逾九十的夫妻俩住在 5 楼,上下楼只能扶着楼梯慢慢走。地方领导关心他的居住条件,周永开摆摆手,"群众住好了,我们才放心;大多数群众住上好房子,我们少数人差一点,我没有怨言。"

时刻把人民放在心上,74 年来,周永开为民初心不改。达州市政协原副主席陈武先说,他身上最难得的是,身居高位后,为民情怀不减,共产党员本色始终不变。他在任原巴中县委副书记时,60% 以上的时间都在农村,还带头"当农民",在群众家中同吃同住同劳动 8 个多月。"他是在用实际行动践行全心全意为人民服务的宗旨。"达州市纪委退休干部李仕德说,周永开离休后,省吃俭用,每月拿出一半工资扶贫济困、捐资助学。离休后,周永开把精力投入到万源市花萼山的守山护林中,那是 20 世纪 90 年代。每次上山前,周永开都要动员身边的亲戚朋友为贫困户捐款捐物,然后请人背上山,挨家挨户发送。他连续 10 年资助数十名花萼山的贫困孩子上学,请放映员到山里给孩子们放电影,带孩子们到达州参观学校、看飞机,让孩子们看看外面的世界。

花萼山深处的万源市官渡镇项家坪村,周永开在这儿住了十数年。周永开 1993 年踏进花萼山时,如今的村支部副书记杜成柳只有几岁。杜成柳记得,这位"外来的老爷爷"挨家挨户宣传植树护林思想,逢小孩便问,"在哪儿读书?""成绩怎么样?"……杜成柳还常听家人说,"周书记又在为我们项家坪村修路了""周书记帮我们通了电"。周永开为项家坪村带来的一点点变化逐渐印刻在年少的杜成柳脑海中。

2003年，杜成柳参加中考。新中国成立后，项家坪村还没出过一名高中生。在周永开的帮助下，杜成柳从官渡中学成功考入万源中学，成为全村第一名高中生。

大学毕业后，杜成柳有机会留在达州市一家医院工作，但他心里始终有牵挂。"周老书记的言传身教，让我真正领会到为老百姓、为国家、为党无私奉献的精神。"辗转难眠，他最终决定学习周老书记，回乡为村里做点事。

笃定笃行74年恒心不改

和周永开共事多年的达州市纪委退休干部杨祚德回忆，周永开对党纪要求很严，抓党风党纪教育很出色。特别是他牵头查办的原达县罐头厂厂长李作乾一案，曾经轰动全国。

守护花萼山，与周永开打交道20余年，项家坪村村支书项尔方"怕"他。彼时的大巴山，小路走不通，大路又没有，只能沿着一条小河沟进出村。村民出村卖东西靠肩挑背磨，早上4点出发，晚上8点才能回到家。周永开看在眼里，放出话："不让花萼山人民看上电视、坐上车，我就去跳玄天关。"

要在悬崖峭壁上修出一条路，当年30多岁的村文书项尔方想都不敢想。他跟着周永开三进达州，为村道争取到启动资金。修路缺资金，工程修修停停，周永开又把时任万源市长请到山里体察民情。2004年

10月,项家坪村终于有了一条通村硬化路。同样在他的强力推动下,项家坪村于2007年通电,摘掉了达州市"最后一个无电村"的帽子。

"他对事业有恒心,年届九旬依然保持着对党对人民的无限忠诚。修路、通电这些硬骨头,全靠他推着我们走。"项尔方说。修路受挫,干部意志消沉,他敲警钟——"今年路不修通,支部书记先跳玄天关。"为了推进花萼山成立自然保护区机构,他对地方领导说,"下次来,我希望坐自然保护区的车上山。"

"对于党的事业,他总是笃定笃行。"李仕德给记者讲了达州市市花腊梅的故事。腊梅,是达州市市花,过去却"养在深闺无人知"。为将巴山野生腊梅推向全国,周永开多次自费上北京,找相关部门,邀请专家来达州考察。"八十几岁高龄,他硬是同专家、学者一起走遍万源大部分乡镇,发现万源野生腊梅多达10万余亩。"

周永开致信时任达州市市长包惠,推举腊梅为市花。市政府还在研究,周永开就坐不住了。包惠回忆,周永开带人找了一辆面包车,装了一车腊梅到办公室找她。市政府也有难处:群众普遍支持腊梅为市花,问题是市树、市歌等都没确定。周永开提议,"能不能先把市花定下来?"

在他的推动下,2013年,腊梅正式成为达州市市花,为野生腊梅保护、腊梅产业发展奠定了基础。

艰苦朴素74年舍小家为大家

"对人民的事业很慷慨,对自己和家人却很'吝啬',生活简朴,省吃俭用。"在记者的再三追问下，达州市纪委退休干部李玉珍透露了一些周永开的个人生活：他家里的沙发破了，就拿布遮上；他穿得朴实，20世纪70年代的中山装衣角磨破了也舍不得换，"看起来完全不像领导干部"。一次，李玉珍陪同周永开到通川区蒲家镇做公益，"给人介绍'这是周书记'，当地人都不敢相信，以为我们是骗子。"

在妻子吴应明眼里，周永开不但"抠门"还有点"大男子主义"。多年来，他没给老伴买过一件首饰，没有给儿女送过一件礼物。老伴说，他不懂那些。儿女说，我们已经习惯了。但他们都知道，这个看似没有"人情味儿"的"老革命"，几乎将他的全部家当用在了他一生追随的"革命"事业上。

在周婧很小的时候，就知道爷爷在山里，初中、高中、大学，都没有爷爷的陪伴。她不理解爷爷的事业，但慢慢已经习惯了他和家人的"疏离"。直到大学毕业，周婧成了万源市的一名人民警察。她走了几个小时山路到了项家坪村，看到爷爷守护的郁郁葱葱的森林，看到项家坪村翻天覆地的变化，她才明白爷爷笃信的"没有国家，就没有小家"。

达州市纪委书记、市监委主任熊隆东说："周永开身上，老去的是岁月，不变的是信仰，而永远不老的则是生命不止、奋斗不息的拼搏精神。"

（四川日报记者　徐莉莎　陈松　曾实）

《四川日报》（2019年7月9日　第1版）

柴云振 勋章铭记

柴云振,男,汉族,1926年11月生,1949年12月入党,2018年12月去世,四川岳池人,四川省岳池县财政局原副县级离休干部。九死一生的战斗英雄,先后参加解放战争、抗美援朝,被称为"活着的黄继光",是新闻通讯《谁是最可爱的人》原型之一。1951年在抗美援朝朴达峰阻击战中,杀敌百余人,浴血奋战到孤身一人。1952年伤残复员回乡务农,从不提及自己的功绩,为党和人民默默奉献了一辈子。荣获志愿军"一级战斗英雄"荣誉称号,被朝鲜授予"一级自由独立勋章"。

闪亮的勋章，不知凝聚着多少铁血男儿的自豪；而军人的荣誉，也在这方寸之间闪耀。

2020年是中国人民志愿军抗美援朝出国作战70周年。硝烟虽然早已散去，但那场战争创造的荣耀与辉煌，绝不会随着时间的推移而消逝。抗美援朝战争中，涌现出杨根思、黄继光、邱少云等30多万名英雄人物和近6000个英雄集体……这长长的英雄行列，汇聚成一部波澜壮阔的辉煌史诗，铸就了一部群星璀璨的英雄图谱。然而，这其中有一枚勋章，却整整等待了它的主人33年。这枚勋章凝聚着不只一个人的传奇故事，更是千千万万志愿军将士的精神缩影。

消失的英雄

1951年6月底的一天，身负重伤的柴云振在汽车的颠簸中艰难地苏醒过来。他缓缓睁开眼睛，一幅壮美的画面映入眼帘：纯净的蓝天下，是一望无际的草原，成群结队的马匹尽情飞奔，放牧人挥动长鞭吟唱着悠远的歌谣。

他挣扎着从担架上坐起来，吃力地询问："这……这是啥地方？"

昼夜守护的医护人员顿时惊喜万分："同志，您终于醒了，这里是祖国啊！我们是要去包头的医院。"

"祖国"，这个亲切的字眼，顿时让柴云振掉下滚滚热泪。10天前，当志愿军后续部队冲上阵地时，柴云振已昏死过去，全身血肉模糊，头部负伤达24处之多。各级首长亲自到医院看望昏迷不醒的柴云振，指示要不惜代价抢救这位了不起的英雄。为此，部队抓紧转送柴云振回国治疗。

那时朝鲜战事激烈，柴云振治疗了一年多后，慢慢恢复了健康，但由于朴达峰战斗前，师部警卫连向8连紧急移交补充人员名单时，错把他的名字"柴云正"写成了"柴云振"，导致他从此和老部队失去了联系。

1952年4月，柴云振领了三级乙等残疾军人证，就从医院直接办了复员手续。他清楚地记得，那时候上级给他发了80元补助费，还有可以在老家领1000斤大米的票据。柴云振后来总是说，那时候国家困难，能发恁多东西，我很知足了。

柴云振永远记得回到四川岳池老家的那个下午。他背着背包、穿着褪色的军装走到村口，老远就看见老娘背着一大堆柴草，走在弯弯的山路上，沉重的背篓压得她步履艰难，一头白发如风中飘荡的衰草。

他激动地大喊了一声"妈，我回来了！"老娘简直不敢相信自己的眼睛，一把扔掉柴草，拉住他摸索了半天，突然放声大哭："娃儿哇，你硬是还活起的吗？"

母子俩一番抱头痛哭。柴云振背起母亲的柴草走向山村，从此走向他的另一种人生——标志是一把锄头和一个大西南山区的农民身份。

他不可能知道，一场关于他的漫长寻找就此拉开帷幕，持续了整整33个春秋。从党和国家领导人邓小平，到他当年的15军军长、师长、团长各级领导，无不关注他的去向，不断追寻他的下落。

他不可能知道，他的英勇事迹在朝鲜不胫而走、家喻户晓，甚至被编入了课本，并被翻译成10多种文字在全世界传播。朝鲜画家还根据柴云振战友的描述，画了一张他的"遗像"，悬挂在纪念馆供人们瞻仰缅怀。

志愿军第15军老军长秦基伟，曾动情地对部下们说，我们这支部队是一支英雄的部队，出了不少英雄、功臣。仅在抗美援朝战争中就涌现了37位英雄模范，其中黄继光、邱少云家喻户晓，代代颂扬。这些英雄中，有的牺牲了，有的还活着，他们享受了党、国家和人民给予的待遇。唯有柴云振同志一直找不到……

当时，这支部队已经改编为空降兵第15军，当年的老首长们下定决心，不找到柴云振的下落决不罢休。

为此，部队寻访组不惜踏破铁鞋，跋山涉水，几乎寻遍了全国主要省市。直到1984年9月，借助柴云振战友提供的信息，通过在《四川日报》刊登"寻人启事"，终于如同大海捞针一般，在四川岳池县找到了柴云振。

1984年10月的一天，柴云振穿上了一身崭新的军装，站到了庄严的颁奖台上。

一场与当年战斗时隔33年的授奖仪式隆重地举行了。

那枚躺在部队荣誉室里的勋章,终于和它的主人相逢了……

柴云振略感紧张地挪到麦克风前,开始讲述朝鲜战场的难忘经历,讲述他生命中那最血腥残酷、最荡气回肠的漫长一天……

最后的防线

提起抗美援朝,人们印象最深的可能是上甘岭。但在朝鲜战场上,志愿军奋战坚守的"上甘岭"成千上万,朴达峰就是志愿军第15军用血肉之躯筑起的另一道"上甘岭"。

柴云振一生打过的硬仗恶仗也不算少了,但1951年5月27日那一天,部队临危受命的严峻形势,仍然让他终生难忘。

那时,第五次战役经过两个阶段的作战,圆满达成了战役目标。中国人民志愿军和朝鲜人民军停止进攻,开始调整部署,奉命向北转移,进入防御作战。"联合国军"总司令李奇微摸清了志愿军"礼拜攻势"的规律,最终决定摆开阵势,共动用了14个师又一个旅和两个团的兵力,在400多公里战线上展开了全线反击。

1951年5月22日那天,志愿军第45师正疾行在往北回撤的路上。师长崔建功突然被紧急召回军里受领任务,秦基伟军长严肃交代:为了掩护志司总部和伤员后撤,你们第45师必须赶赴朴达峰一线阻击北上敌军,要不惜一切代价阻击敌人10天!

这是一场决定命运的倒计时赛。接到命令后,全师一边行军一边动员,有几个人就动员几个人,有一分钟就多讲一分钟。柴云振和战友们心急火燎地折身往前线跑,连长跟着一边跑一边嘶哑着嗓子下达战斗任务,反复讲上级的指示意图,特别是讲"彭总就在我们阵地后面,能不能保证志司和首长安全,就看我们的了!"

朴达峰为第45师134团防御地区的主要支撑点,是阻敌北上的咽喉。这是至为关键的一道防线,一旦被敌军突破,敌人势必沿公路大举北进,截断我志愿军东线主力兵团退路,给志愿军总部和后方基地造成严重威胁。从5月29日开始,"联合国军"在飞机、大炮、坦克的掩护下,开始向朴达峰发起进攻。不到一公里的朴达峰山脊被炸成一片焦土,随便抓一把泥土,都混着弹片。

134团到底能够坚持多久,志愿军第15军从上到下都在屏息关注。

从5月30日至6月4日,朴达峰战斗连续进行了5昼夜,敌人在我阵地前死伤千余人。我134团7连、9连也仅剩下40余人,只能合编为一个连。

6月4日清晨,美25师一个团在飞机、大炮、坦克的掩护下,采取逐次增大兵力的战术,向7连、9连阵地进攻。

那个时候就像拔河比赛到了最后关头,双方都耗尽了力气,就看谁能憋住最后一口气了!连通信员、炊事员全都上了战场,可以想象战斗形势有多吃紧。

柴云振就是这个时候从师部警卫连紧急抽调去补充134团3营8连的。

柴云振带着7班9名战士一冲上去,就和敌人较量了3次,场场都是恶战。他们配合部队 3 次把阵地抢回来，柴云振也侥幸活下来了。

临危受命

战至下午两点钟，敌人又以 3 个营的兵力分多路向我猛攻，占领了我主峰阵地。我军防线眼看几近被全线突破，3 营指挥所危在旦夕，柴云振和战友们被敌人的重机枪火力紧紧压在一个地堡里。

送饭的炊事班也挨了炸，班长全身血淋淋地用围裙送来一包饭，柴云振胡乱抓起几把饭正猛嚼着，就听有人一声大喊："8 连 7 班，去把阵地给我拿回来，坚决把敌人的威风打下去！"

下命令的是营长武尚志，外号叫"武和尚"，打起仗来不要命，他对着柴云振把眼睛瞪得跟鸡蛋一样大："坚决给我把山头拿下来！山头拿不下来，不要回来见我！"

但柴云振当时却没有说话。为啥？没有人了啊！他班里的战士快牺牲完了，靠什么夺回阵地？

但任务既然下达了，就是豁出命也必须完成。柴云振带着破釜沉舟的决心，把全班 4 个人分成两个战斗小组，党员郭忠堂为战斗小组组长，带领王富贵为一组负责掩护；他自己带领周辅清为一组，向左侧被敌人夺去的无名高地反击。

他们顺利地拿下了第一个山头。第二个山头上的敌人眼睁睁看着自己的人一片片倒下，却干瞪眼不敢射击——因为柴云振看准了形势，命令战士们冲上去和敌人"粘"在一起，敌我混杂之际，敌人的机枪怕误伤自己人，犹豫着不敢开枪。柴云振趁此机会带领大家冲了上去，很快又夺回第二个山头。这时另外两名战友不幸牺牲了，现在只剩下他和周辅清两个人。

这时已经快到下午6点了，天黑了下来，暴雨突然倾盆而下。四周一片静悄悄的。那时候枪声一不响，柴云振反而着了急。他心想天黑了怎么过呀，敌人要是摸上来，那可够我们对付的。

这时，柴云振发现朴达峰山脊上另一个制高点，还在敌军掌控之中。那个山头地势很高，敌人可以居高临下，充分发挥火力，对我方威胁极大。如果不及时消除这个隐患，我们的部队明天一旦反攻，必将损失惨重。

可是，柴云振带领7班已经完成任务，那个山头并不在攻击目标之内。现在他们势单力薄，固守待援才是稳妥之策。眼下不可能有首长的指示，也不会有战友们的增援，到底应该怎么办？

千钧一发之际，柴云振逐渐冷静下来。为了夺回这块鲜血浸透的阵地，已经牺牲了那么多战友，如果再丢了怎么想得通？这回老子肯定是死定了的，既然反正要死，那就必须"抓本钱"！打死一个美国佬够本，打死两个就赚了。午夜时分，他做出了一个大胆的决定：孤身出击，夜袭敌营。

听说柴云振要一个人去摸敌人的哨，小周也来劲儿了，他抢着说："班长，我去攻击，你来掩护！"

柴云振斩钉截铁地说："这是命令，你留在这里掩护！"其实他心里想，在我面前你还是个新兵蛋子，让你去摸敌营，我才不放心哪！

暴雨下得更大，狂风更加猛烈，柴云振浑身湿透，衣裤紧紧裹在身上，动作起来更加困难。但他心头却暗自感谢老天爷帮忙，希望暴风雨越猛越好，这样才能掩护他的行动。

孤身血战朴达峰

柴云振艰难地沿着湿滑的山崖，小心翼翼地向山顶靠近。大概离山顶还有30多米，突然听到一阵嗞啦嗞啦的声响。仔细一看，在一个树桩后面，竟然藏着一个半遮半掩的山洞！电流声正是从那里传来的。他凭经验判断，这一定是敌军驻扎在山顶的营部指挥所。

柴云振心中顿时欣喜无比。他心想，把这几个鬼子活捉回去，但转念又一想，现在就自己只身一人，要带俘虏回去谈何容易？行，那就要死的！

他迅速冲到指挥所前，猛地一脚踢开门，举起冲锋枪就向敌人扫射，一个敌指挥官模样的人应声倒地。刚好门口有几箱手榴弹，他顺手抓起几颗向指挥所内投去，然后火速撤退。

这场仗打到6月5日凌晨，朴达峰阻击战第6天，主峰阵地还在志愿军手中——不过只在柴云振一个人手中了。

一个人就一个人！虽然没有上级的命令，柴云振决心一个人也要死守阵地，牢牢钉在这里。

天刚一放亮，敌人就展开了大规模反扑。柴云振利用有利地势，将成捆的手榴弹和爆破筒，奋力扔向敌群，又用机枪和冲锋枪轮番扫射，连续打退了敌人的数次冲锋。

敌人暂时停止了进攻，可柴云振一点也不敢大意。枪声暂停，他就去山头四周搜索，防止敌人偷袭。果不其然，刚转过山头，4个敌兵就在眼前！他条件反射地喊了一声："缴枪不杀！"几个敌兵刚一愣神，他一梭子弹就打出去了，当场击毙3人。

最后一个敌兵离柴云振只有几米不到。柴云振一个箭步冲上去，连枪带人把他拖倒在沟里，两个人拼命扭打在一起，在泥水中翻滚，在血水尸堆中恶战。

敌兵抓起一块石头拼命砸向柴云振的脑门。柴云振身体比他瘦弱单薄得多，再加上那天战斗了那么久，全身实在没劲了，搏斗中逐渐处于下风。但柴云振心中只有一个念头：今天就是同归于尽，也不能放走敌人！柴云振伸手想抠瞎敌人的眼睛，却不料右手一滑，食指被对方死死咬住了。他顿时钻心剧痛，使劲往外扯，还是挣脱不断。

敌兵已经占尽上风，却被柴云振拼命到底的劲头吓坏了。他竟然忘记捡枪，只顾用石头狠砸柴云振的脑袋。眼见这位中国兵血肉模糊，还一次次揪着他拼命，这名敌兵吓得翻身起来朝山下逃命，他在心理上早就输给柴云振了。

志愿军后续部队终于反攻上来了。柴云振使出最后一点力气，左手抬枪扫倒了那个逃跑的敌人，一头昏倒在阵地上……

朴达峰阻击战，柴云振带领7班连续夺回3个山头，歼敌两百余名，缴获机枪5挺、电台1部。他自己消灭敌人一百余名，打死敌指挥官一名。他所在的 15 军在整个芝浦里阻击作战中激战 10 昼夜，共毙伤敌人 5700 余人，粉碎了敌人攻占铁原、金化，截断我志愿军东线主力兵团退路的企图，胜利完成了志愿军首长赋予的任务。

这是志愿军第 15 军在第五次战役中经历的最艰苦的一场战斗。彭德怀司令员于激动之中给秦基伟军长发了一份充满感情色彩的电报："秦基伟：我十分感谢你！彭德怀。"彭老总对第 15 军的勉励迅速传遍了部队。134 团的干部战士虽然衣衫褴褛，疲惫不堪，但许多人抱在一起，热泪横流。朴达峰战斗是此后上甘岭战役的一次预演和淬火，正是靠这种向死而生、有我无敌的英雄气概，志愿军第 45 师后来在上甘岭创造了震撼世界的战争奇迹。

不是尾声的尾声

在抗美援朝战争史上，从来不乏浴血奋战、淡泊名利的英雄模范，比如魏巍在《谁是最可爱的人》一文中提到的松骨峰战斗"活烈士"李玉安、井玉琢，同样深藏功名 38 年……

正是那一颗颗计利国家、无私忘我的心，坚守为中国人民谋幸福、为中华民族谋复兴的初心使命，映照出一个百年大党不断战胜艰难险阻、不断创造发展奇迹的精神密码。那些当年舍生忘死的志愿军英烈，有许多甚至连名字也没有留下，至今静静地长眠在异国的土地上。这不是柴云振一个人的征途，而是无数志愿军将士构成的英雄长卷，是中国军人平凡而伟大的精神图谱。网友们用一副对联，概括了他们英雄无悔的一生：

生死皆烈士，烈士尽传奇，敢赴家国生死以；

避趋亦英雄，英雄诚本色，岂图名利避趋之。

（王龙）

《解放军报》（2020年10月23日 第12版）

郭瑞祥
出生入死的革命老兵

郭瑞祥，男，汉族，1920年12月生，1937年3月入党，河北魏县人，贵州省都匀军分区原副政治委员。矢志坚守初心的红军战士。16岁投身革命，抗日战争时期，先后参加冀南战斗、反扫荡战役、肖渠战斗、曹县东南反顽战役等，作战英勇。解放战争时期，在情况非常危急、部队成分不纯的情况下，及时整顿健全组织、加强党的领导，有效挽救危局。离休后生活简朴，始终保持红军的政治本色。荣获"三级独立自由勋章"、"三级解放勋章"、"独立功勋荣誉章"。

"要和祖国一起庆祝党的100岁生日","这里离天安门更近些"。101岁的老战士郭瑞祥领奖结束后依然留在了北京。

6月29日,亿万观众看到了郭瑞祥坐着轮椅被抬进人民大会堂的画面。随后,郭瑞祥坐着轮椅领受了"七一勋章"。从大连出发到北京领奖,老人非常激动,"这是党授予的最高荣誉,一定要亲自来领"。

参加完颁授仪式,郭瑞祥吃了少许东西就休息了。醒来,他第一句话就是:"习近平总书记的讲话能找到吗?代表的发言能找到吗?我得好好学习啊!"

虽已离休多年,郭瑞祥仍然牢记党员身份,坚持理论学习。走进他位于大连的家里,书柜里摆满了相关书籍。郭瑞祥孙子郭宇光透露,爷爷关心国家大事,只要身体允许每天都会看报,"原先是戴着老花镜看,后来又用上了放大镜",他还会把党和国家的一些重大新闻和照片从报纸上剪下来,贴在屋里。他多想让老战友们也能一睹今日芳华!

郭瑞祥记忆深处,回荡着决战的冲锋号角、牺牲战友的不舍目光。摩挲着战争年代的老照片,他总是念叨,有多少战友都牺牲了,新中国来之不易啊!

郭瑞祥父母都参加了八路军。郭瑞祥早年投身革命,并于1937年3月加入中国共产党。七七事变爆发后,在复杂险恶的环境中郭瑞祥担任地下工作者,为我军收集了大量情报,他还积极组织群众,壮大党的队伍。1939年,在母亲建议下,郭瑞祥组织带领40多人参军。当时部队条件异常艰苦,缺衣少食武器落后,只能白天跟着敌人走,到了夜里打游击,有时一晚要走上百里。

1946年9月,时任东明县独立营政委的郭瑞祥,带领150余名战士向敌人发起进攻,因消息泄露,敌人增援1000余人,将郭瑞祥和战友们团团包围。战斗从拂晓打到天黑,战士们滴水未进,多次突围失利致使士气有些低落。危急时刻,郭瑞祥组织党员骨干带头发起突围,成功挽救危局,郭瑞祥也荣立二等功。

革命战争年代,郭瑞祥参加大小战役10余次,为革命出生入死、屡立战功。他非常珍惜组织给的荣誉,各个时期获得的勋章,他常拿出来小心擦拭,嘱咐子女一定要保存好。

离休后的郭瑞祥依然保持军人本色,坚持共产党人艰苦朴素的作风。女儿郭惠丽透露,上世纪五十年代部队发的一双皮鞋,父亲至今还在穿。几十年来,父亲衣服破了就自己缝,袜子破了就补着穿,一件羊毛衫穿了16年,袖子破了他就改成背心。家里仍在使用的床头柜等家具,是他30多年前亲手制作的。

在29位"七一勋章"获得者当中,已在党84年的郭瑞祥是党龄最长的一位。他说,庆祝建党100周年,作为一名老党员,自己要更加不忘初心、牢记使命。他还给儿孙们立下一条家训：永远不给党和国家添麻烦，努力学习艰苦奋斗，没有共产党员克服不了的困难。

（中央纪委国家监委网站　管筱璞　韩亚栋　李云舒　薛　鹏）

中央纪委国家监委网站 2021 年 7 月 1 日

黄大发
一个人 一辈子 一道渠

黄大发，男，汉族，1935年11月生，1959年11月入党，贵州遵义人，贵州省遵义市播州区平正仡佬族乡原草王坝村党支部书记。一心为民、埋头苦干、百折不挠的楷模。带领村民历时36年，在悬崖绝壁上开凿出一条主渠长7200米、支渠长2200米的"生命渠"，用实干兑现"水过不去、拿命来铺"的誓言，为改善山区群众用水条件、实现脱贫致富作出突出贡献，被誉为"当代愚公"。荣获"全国劳动模范"、"时代楷模"等称号。

你可曾想象，没有水的日子怎么过？你可曾思量，36年做一件事情，你会做什么？

贵州遵义草王坝村，一个被层峦叠嶂的山峰藏得死死的村庄。千百年来，这里的人祖祖辈辈吟唱着一首心酸的民谣："山高石头多，出门就爬坡，一年四季包沙饭，过年才有米汤喝。"

水是草王坝人的穷根，是草王坝人生生世世的想、年年岁岁的盼、日日夜夜的求。

村里有一位老人，今年82岁，他和大山较劲，用36年的时间只干了一件事：修水渠。

这条水渠，绕三重大山，过三道绝壁，穿三道险崖。

这位老人，就是草王坝村的老支书，名叫黄大发。

这个横跨36年的故事，是一段注定流芳后世的佳话。

立誓：有条汉子不认命

"祖祖辈辈都是这么过来的，要有办法早就有了，老天爷不长眼，咱们村就是没水的命。"的确,草王坝没水不是一天两天。石漠化严重,全村灌溉和人畜饮水,要不靠山坡自渗水,要不守着一口望天井不分昼夜地排队挑水,接一挑水往往需要等一个多小时,如果想要喝山谷小河里的水,那么上下山一趟就得4个多小时;没有水,种水稻就是天方夜谭,地里几乎都是包谷、红苕和洋芋;没有白米饭吃,村里人就只能将玉米碾碎上锅蒸煮,俗称包沙饭……人人叫苦不迭,可就是没办法,很多人干脆认命。

但有条汉子不认命。

1935年出生于草王坝村的黄大发,自幼父母双亡。四处流浪的他,吃的是百家饭,住的是滚草窝和包谷壳。23岁,黄大发光荣入党,这一年,他被全村推选为大队长。这一干,就干到了70岁。

"从我当大队长开始,我就决心为村民干三件事:引水、修路、通电。"正是意气风发的年纪,黄大发撂下了"狠话"。听说这个新上任的小伙子要引水,村里人都觉得他一定是疯了,无异于做白日梦。

可谁不渴望水?祖祖辈辈的草王坝人想水想得都要疯了。即使觉得是白日梦,但大伙儿还是愿意跟着这个年轻人一块儿做。

办法也不是没有。草王坝西侧有一条小河——螺蛳水,这条小河没流入草王坝村,而是流向了相距几公里远的野彪村,只要想办法把野彪村的水引过来,问题就解决了。

说得倒是轻巧。草王坝村和野彪村之间尽管只相隔几公里远,但这几公里并不是平坦大道,而是天路。螺蛳水河谷纵深切割,两岸的悬崖峭壁像一把锋利的刀,割断了草王坝村的引水路,也割断了草王坝人喝水的梦。

那水，可望而不可即，草王坝人只能眼巴巴地看着金子般的水白白流走。

不如就劈山。所谓劈山，不是真的把山劈开，而是依山凿渠，一条顺着大山起起伏伏的救命渠。

半个世纪前的中国，在豫、晋、冀三省交界处，十万林州开山者，历时十年，绝壁凿石，挖渠引水，一条红旗渠插在了太行之巅。

同一时期，在黔北的莽莽深山里，也有一位叫黄大发的年轻人，带领草王坝村民立誓修渠，这条渠要绕三重大山、过三道绝壁、穿三道险崖，这是一条遵义的"红旗渠"。

一群面朝黄土背朝天的淳朴农民，他们放下锄头，举起锤子，离开贫瘠的土地，踏上悬崖和峭壁。

他们在凿渠，他们要引水，他们想求生。可现实却无比残酷。

不懂技术，测量仅靠竖起竹竿，两边人用眼睛瞄；缺乏水泥，沟壁直接糊上黄泥巴作数；没有工具，操起锤子钢钎靠蛮力凿；没有导洪沟，沟渠不盖板，洪水一来，本来脆弱的沟渠被冲得稀巴烂……

烂了重新修，还没修好又烂了。修修补补十几年，办法想尽，可水就是进不来草王坝。全村人喝水的梦在这十几年的时间里被反复拉扯，最终还是破灭了。

学艺：他还想与天再斗一次

斗转星移，岁月如梭。

草王坝村，还是那个贫穷、落后、愁苦的草王坝村。穷到有的人全家只有一条裤子穿，穷到村里很多男人娶不上媳妇……

"好个草王坝，就是干烧（指干旱）大，姑娘个个往外嫁，40岁以上的单身汉一大把。"小小草王坝村，民谣可真不少，仔细一琢磨，个个因"穷"而起。

想想也是这个理，没有水，没有钱，没有白米饭，哪能留得住人？哪里富得起来？哪有姑娘愿意嫁过来？多少次，黄大发徘徊在螺蛳水旁，听着"哗哗"流水声，想着水过不来，饭吃不上，村里的光棍一大把……

他何尝不难过？他何尝不想再修一次？他何尝甘愿就这样听从于命运的安排？

"黄书记，是大米饭好吃，还是你们草王坝的包沙饭好吃啊？"在一次全乡大会聚餐时，干部不经意间的一句戏谑，深深刺痛了他。当时的他坐立不安，苍老的脸显得尴尬，嘴里的饭难以下咽，心里酸楚得想哭，"听了我很难受，我恨啊，可泪水只能往肚子里掉。"

"没有文化就没有方向，光靠蛮干，注定修不成功。"只有小学文化的黄大发，在第一次修渠失败后痛心疾首，他暗自下决心：学技术。

壮志未酬誓不休。那些年来，黄大发四处求教，自学水利技术。一听说哪里有在建的水库沟渠工程，他背着干粮就匆匆上路。无论路途多么遥远，无论要翻几座大山、要蹚几条大河，他都徒步过去，一边走、一边看、一边学。

只因为，还有一腔沸腾的血，还有一颗不甘的心，还有一个未圆的梦。

1989年，枫香区水利站迎来一位五旬老汉，54岁的黄大发申请跟班学习水利技术。看他年纪一大把，又是老先进，水利站给了他一个辅导员的身份。说是学习，其实就是在工地递上传下，给技术员打杂。

"印象中，他上课总是很积极，不懂就问，从不怕别人笑话。"时隔多年，当时一起在水利站学习的刘关刚对那个执着的五旬老汉记忆犹新。

"当时他甚至连20公分是什么都不知道，也不明白水准仪上的正、负刻度代表什么含义，整个白纸一张。"的确，黄大发闹了很多笑话，但正如刘关刚所说的那样，他不怕别人笑话。不识字，他就一个字一个字地临摹；不懂测绘，他就缠着技术员就着图纸讲解；不会用工具，他就在一旁专心看别人怎么用……捧着一颗心来，这位五旬老汉谦逊得像个小学生。

宝剑锋从磨砺出，梅花香自苦寒来。三年的时间，他从零起步、从头开始，掌握了许多修渠的知识，知晓了什么是分流渠、什么是导洪沟，还学会了开凿技术。

看上去，这位老人还想与天再斗一次。

再战：修不好，他拿命来换

1990年，大旱。

蝉喘雷干，焦金流石，100多天，草王坝村滴雨未下。龟裂的大地仿佛历经风霜后老人脸上的皱纹，清晰而深刻，无奈又哀伤。

"撑不住了，孩子们没水喝一直哇哇叫""没粮食没水，连包沙饭都难吃得上""这是老天爷把咱们往死路上逼"……

难道草王坝人只能安于宿命，甘心祖祖辈辈受穷？黄大发手一挥，脚一跺，心一横："再修一次渠！"

1990年冬天，寒风怒号，折胶堕指。从草王坝村通往县城的崎岖小路上渺无人烟，可有一个矮小佝偻的身影在这条小路上走了整整两天——这条路他走过一次又一次——黄大发要去县水电局给饮水工程立项。这一路怀揣着的是草王坝人千百年的梦，是草王坝村家家户户的命。

徒步跋涉了两天的黄大发，下午终于走到了县水电局。此时，瘦弱的身躯已经没几分人样，可眼神并不改当初，一样铿锵、坚定。不巧的是，水电局领导当天下乡了，不在单位。黄大发就打听到县水电局副局长黄著文的家庭住址……

晚上7点，黄著文回到家。在家门口，他看见一个瘦弱的身影在寒风中瑟瑟发抖，身上穿着破烂单薄的衣服，脸上冻得红一块紫一块，一双磨破了的解放鞋，露出脏脏的脚趾……

"我是草王坝村的村支书黄大发，来找你给我们村的饮水工程立项。"

"这么冷的天，你怎么来了，快进屋说。"

"我想着天气这么冷，领导应该在单位或者在家里，没想到下乡了……"

终于，经过专业测绘和精心谋划，草王坝水利工程批复了！县、乡政府从当时拮据的财政里划拨了6万元资金和19万公斤玉米。可水利站要求:如果村民们能在第二天早上凑齐1.3万元作为规划押金,技术人员就能马上到位。

明知筹钱很难,但黄大发一声没吭,当天就火急赶回村里开动员会,挨家挨户做工作,"尽管很难,但只要有一丝希望,我就要紧紧抓住。"

1.3万元,全村一起集资。可这对于当时穷得叮当响的草王坝村,谈何容易?被贫穷和干渴冲散的人心还能聚齐吗?还有人愿意跟着黄大发一块儿做梦吗?

果不其然,在动员会上有村民发难,为首的就是黄大发的舅公杨春发。"大发,你要是能把水引过来,我拿手心板煮饭给你吃""你要是能修好渠,我买烟花给你放"……但散会后,杨春发还是悄悄地将钱塞进黄大发手里,黄大发激动地说:"舅公,你这是逼我立军令状啊!"

草王坝人到底是被干旱折磨得太久了!尽管失败了一次又一次,可当黄大发再次提出要动工修渠引水时,村民们还是兴奋得像炸开了锅。

"黄支书,我们跟着你干!"

凑不出钱的就借钱,借不到钱的就卖东西换钱。豆子、鸡蛋、蜂糖……朴素的草王坝村民走到80里外的甘溪集市,吆喝声一阵接着一阵。当天晚上,乡亲们打着火把,拿着皱巴巴的零钱,交到黄大发手里。

看着大伙儿凑来的救命钱,盯着乡亲们质朴的眼神,黄大发流着眼泪立下了军令状——"修不好我把名字倒过来写,我拿党籍来作保证,我拿命来换!"

1992年,那是一个春天,黄大发带领村民一头扎进深山开工凿渠,沉寂数十年的大山再次沸腾了。

攻坚：人心齐，泰山移

在没有水的地方修水利，怎么修？和水泥灰沙得用水，浇湿渠基得用水，怎么办？只好将水引一截修一截……

在悬崖峭壁上修水渠，怎么修？人在腰间拴一条缆绳，从山顶一尺一尺试着往下放。人悬在半空中，从谷底看，像极了一只扑腾的鸭子……

故事远不止这么简单，而是充满了曲折和辛酸。

开工第一天，头炮就打"哑"了。石头砸烂了山下村民家的香火位，"村民骂我，要打我，还要拉着我跳崖。"黄大发只好挨家挨户赔笑脸、赔损失。

放炮需要炸材，黄大发就去很远的李村买了背回来。脚底磨破了皮，汗水湿透了衣，无论磕绊摔跤，不管刮风下雨，他都坚持如一。

修渠需要水泥，得去城里拉回来。有一次行至途中，天降暴雨，车陷入泥潭，进退不得。天黑了，黄大发叫司机到人家里找睡处，而自己却睡在水泥包上，被蚊虫咬了一夜——他是真心怕这"宝贝"被偷啊！

绝壁凿渠，每一处都充满未知和危险。擦耳岩是最险的一段，壁立千仞，岩壁中间有个凸起，挡住了视线看不到前面情况，悬崖上没有树枝，全是秃岩，稍有不慎便一命呜呼。"太危险了，给多少钱都不干。"没人敢动工，连请来的施工队也停下了手脚，黄大发就用大绳把腰拴着，自己带头翻了过去……

日复一日不停歇。每天，黄大发带着200多人的队伍进山，施工队在前面凿壁打槽，村民们在后面挑土砌堡。早上出门，提一罐包沙饭，中午捡点刺刺草草点火烧热，囫囵吞下去，渴了就舀两碗河水，碗一甩、罐一扔，转身又往工地去。为了抢进度，他们不分昼夜寒暑，每天坚持苦干到天黑，才打着灯笼火把手牵手地回家。有的干脆就睡在石窝里，看星星眨眼，等日出天明。

水渠一尺一米延伸，清澈的河水爬上了悬崖、峭壁、陡坎。千百双手，一颗颗心，水每向前流一寸，草王坝人的梦就更进一步。

苦心人，终不负。

1995年，这条主渠长7200米，支渠长2200米，地跨3个村10余个村民组，绕三重大山、过三道绝壁、穿三道险崖的"生命渠"通水了！3年来，到底放了多少炮，炸了多少岩石，凿了多少方土，断了多少钢钎，坏了多少锤子，没人能够数得清。

通水那天，山崖上、水沟边，人山人海，鞭炮声、鼓掌声，不绝于耳，杀猪摆席、搭台庆功，好不热闹！这是草王坝人最高兴的一天，梦终于实现了！村民拥簇着黄大发上台讲话，他沉默良久，欲言又止，眼泪顺着黝黑、皱褶的脸庞哗哗往下流。

60岁的黄大发哭得像一个孩子。

新生：幸福的歌声心头飞

1995年端午节，当汩汩清水从沟渠一泻而下时，草王坝全村老少向自家的旱地飞奔而去，欣喜地看着祖祖辈辈刨食的旱地变成稻田。从此，草王坝彻底告别了靠天吃饭、滴水贵如油的历史。

白米饭可真香啊！这年春节，草王坝家家户户把平日舍不得吃的新米煮上一大锅"敞开干"，村民徐开伦一口气吃了五大碗。

可捧着白米饭的黄大发再次落泪了，他哭得十分伤心，"这香喷喷的白米饭，我的女儿和孙子永远吃不到了……"

黄大发的二女儿黄彬彩是在1994年离开人世的，时年22岁，风华正茂。

那年修渠正到要紧处，黄大发一头埋进深山。女儿黄彬彩突然病倒了，游医检查后说是肾炎。"她全身都肿了起来，躺在床上高烧不退，嘴里一直喊痛。"黄大发的妻子至今仍清晰地记得女儿当时叫痛的模样，每每谈起，眼泪都止不住地掉。

说到底还是因为穷，没钱去医院，只能吃草药。采的草药吃了90多天，女孩最终还是没能撑住。"那天日头还没到中天，就听见有人在山脚远远地喊。"声音传上来，是女儿黄彬彩没了，黄大发两眼一黑，差点从悬崖上栽下去。

黄彬彩的坟在通垭湾的山上，山顶可以俯看到凤凰山，凤凰山的背后住着黄彬彩的恋人，两家早已把婚事定在了渠通之日。女孩坟前植了一株当地叫"羊舌条"的灌木，春天油菜花开的时候它也随风飘扬起白色的小花，素净淡雅。

令人悲痛的是，仅仅几个月后，黄大发13岁的大孙子突发脑膜炎，病来得急，等全家人从工地上赶回家，孩子已没了气。白发人送黑发人，原本老两口的棺材，留给了可怜的女儿和孙子。

36年修渠引水，黄大发带领的施工队伍没有一个人丢掉性命，可他家里的两位亲人却离开了人间。

有水了，重要的是如何发展。

水通之后，黄大发带领村民开展"坡改梯"。"我们村耕地少，要想真正富起来，就要搞'坡改梯'。"农闲拼命干，农忙抽空干，草王坝村的稻田从240亩增至720亩。昔日的荒山秃岭上，10万株温州蜜桔、李子已经开始有收益，家家户户的猪、羊、牛、马、鸡、鸭也大大增加……

通渠的那一年，草王坝也通了电，不少人家里买了电视机、洗衣机、录音机。通电那天，村民们通宵开着灯，一直唱啊跳啊，高兴得睡不着觉；紧接着又修了通村路，通路那天，大人领着小孩在路上跑来跑去，蹦跶着不想停下来；再往后，村里的小学新址落成，建砖木结构"品"字形的小青瓦校舍三幢，如今已有学生50多人……

黄大发从支书位置退下来至今已有十来年，可他并没有闲着。张家院子坐坐，李家院子摆摆龙门阵，大道理讲，小道理谈。他的心始终系着村子，想让草王坝这个穷窝窝早点富起来。

"种蔬果效益高，但一开始群众观念难转变，以往温饱有余才搞点果木，我就带头栽上了柚子。"在他和村"两委"的努力下，村民正逐步改变传统的种植结构，全村现有核桃5200多亩、柚子650亩、海椒2000亩，牛羊养殖大户超过30户。小青瓦、坡面屋、穿斗枋、转角楼、雕花窗、白粉墙……去年底，草王坝村农民年人均纯收入突破6500元。

"不怕山高石头多，苦干就能把贫脱，打岩引水造梯田，穷村变成金银窝。"如今的草王坝，虽然还没有整体脱贫，但村民的荷包日渐鼓了起来，幸福的歌声从草王坝人心头飞出。

初心：一个共产党员的本色

1992年底，新上任的乡长商顺模十分奇怪，为何草王坝村一半以上的户数姓徐，这么多年却选择一个姓黄的人做支书？

"是公心！"每每谈起老支书，70多岁的老党员徐开伦都竖起大拇指。"对他来说，公家的事怎么硬都行，自家的事怎么软都成。"遵义市委常委、组织部部长吴刚平跟黄大发打过几次交道。

计划经济时代，农民头上压着粮、油、烟、猪、人五大指标。"乡、村干部为了完成任务到农户家里牵牛牵猪、揭瓦拆房比较普遍，黄大发不肯这么干，在乡里是有名的'刺头'，敢对我和书记拍桌子。"商顺模说。

修渠那几年，车子拉来的水泥堆得像山一样高，车厢里洒落一丁点，黄大发都要清扫入库。有一次老伴儿扫了多半碗水泥，想着补补家里破损的灶台，黄大发一把拉住。"那是我第一次看见父亲对母亲急吼。"二儿子黄彬权说。

"那时候买炸药水泥，过他手的钱有二十来万，硬是没出过一分差错。"往事历历在目，村里的老会计杨春有拍着手说，"抠啊，他真的是抠得很。"修渠时工地上天天要钱付账，三天两头俩人就往镇财政所跑。住，3块钱一晚的旅社；吃，就将就一碗饭，不然就一块泡粑。

"沟是我修的，我放心不下，随时都牵挂着。"时光逝去，但初心不变、本色不改，退职后黄大发仍然带领村民修沟补渠。"只要是黄支书带头决定的事情，我们二话不说就跟着干。"一呼百应，村民们将渠取名为"大发渠"。

2014年10月,照习俗,黄大发提前一年过八十大寿。问他有什么愿望,他说:"活了80岁,最远的地方就去过遵义市,我想有生之年去省城看看。"

去省城的当天,黄大发和妻子特地穿了一身新衣服,帽子洗得一尘不染。陪同的乡干部徐飞还没到,老两口就早早等在路边。

到了贵阳,黄大发既没去景点,也没去商场,而是要求直接去省委。"老支书在省委有相识?"徐飞心里一阵嘀咕。进了省委大院,黄大发却不进大楼,根本没有找人的意思。"就见他挺起腰,注视着大楼,还有远方飘扬的五星红旗,一言不发……"

这是一个老共产党人的初心!在黔北深山当了几十年村支书的黄大发,在耄耋之年,想来省委看一眼,看看党组织到底是什么模样。

当天,黄大发就回草王坝了。回途车上,徐飞问:"老支书,落心了没得?"

"落心了。"

多少年滴水贵如油,如今一渠春水流入草王坝家家户户。

多少年天黑孤村闭,如今这里夜晚如同掉下星星一片。

多少年山深人绝音,如今通村路将草王坝与外面紧紧相连。

青山不负英雄志,流水有情入心田,奔腾不歇的渠水悠悠长长,拍得悬崖直作响,崇山峻岭再难阻隔。阳光下的草王坝,像一只振翅欲飞的雄鹰。

(人民日报记者 吴储岐 郝迎灿)

《人民日报》(2017年4月19日 第4版)

黄文秀
青春之花 绽放在扶贫路上

黄文秀，女，壮族，1989年4月生，2011年6月入党，2019年6月去世，广西田阳人，广西壮族自治区百色市委宣传部理论科原副科长、乐业县新化镇百坭村党支部原第一书记。在脱贫攻坚一线挥洒汗水、忘我奉献的新时代青年党员干部的优秀代表。研究生毕业后，放弃大城市的工作机会，主动请缨到贫困村任第一书记，把生命奉献给脱贫攻坚事业，谱写了新时代青春之歌。被追授"全国脱贫攻坚楷模"荣誉称号和"全国优秀共产党员"、"时代楷模"等称号。

"一个人,燃尽了青春,把爱与希望种在无数人心中……你赋予的力量,再艰难的道路,我们继续着征程……"最近,在广西百色市,许多人都在动情地传唱着这首名为《力量》的歌。它是百色市一位村民为哀悼因公殉职的黄文秀所作。

黄文秀是百色田阳县人,生前是广西壮族自治区百色市委宣传部理论科副科长、乐业县新化镇百坭村第一书记。2019年6月16日,她回家陪护刚做完肝癌手术不久的父亲后,因惦记百坭村的防汛抗洪工作,冒着暴雨连夜返回工作岗位,途中遭遇山洪不幸牺牲,年仅30岁。

"我想回去建设家乡,把希望带给更多父老乡亲"

废旧轮胎搭上木板当作"沙发",只有一铺床、一张蚊帐,这便是黄文秀的卧室。

"已经比原来好多了,我们家兄妹三个,一直以来都是贫困户。前两年通过易地扶贫搬迁,我们从贫困山区搬出来,再加上小妹研究生毕业有了稳定收入,家里才脱了贫。"黄文秀的姐姐黄爱娟说。

在家人眼里，黄文秀从小喜欢读书。黄爱娟说，家里条件困难，小妹读高中时，就得到教育扶贫资助，读研究生时也得到国家的帮扶，"小妹常说，她是靠政府资助走出大山、上完大学的，她将来要回来建设家乡。"

2008年，黄文秀考入山西长治学院思政专业，该校原政法系党总支书记程过富曾问黄文秀："你的成绩还不错，为什么来长治？"

黄文秀回答："我们百色是革命老区，长治也是革命老区，都是邓小平同志战斗过的地方，我想到这个地方来。"

2011年6月11日，在鲜艳的党旗下，黄文秀宣誓加入中国共产党。

2013年，黄文秀考取北京师范大学哲学学院硕士研究生。2016年硕士毕业后，她毅然选择回到家乡，当一名定向选调生，扎根基层。

"我跟她说，以你的能力，留在北京没问题。"北京师范大学哲学学院副教授、黄文秀的导师郝海燕曾给她建议。

可黄文秀仍坚持内心想法，"我是从广西的贫困山区出来的，我想回去建设家乡，把希望带给更多父老乡亲。"

"让扶过贫的人像战争年代打过仗的人那样自豪"

黄文秀牺牲后，同事们在她的房间里看到，一本讲述长征故事的书籍《西行漫记》格外醒目。驻村一年多来，她经常用长征精神来勉励自己。

回顾2018年3月刚上任时的情景，黄文秀在一篇文章中写道："百坭村建档立卡贫困户，分散居住在几个不同的山头，对于我这个不熟悉地形的'新手'来说，要在最短时间内掌握全村贫困户的详细情况，是非常困难的。但我没有失去信心,想起了那句话——'让扶过贫的人像战争年代打过仗的人那样自豪',长征的战士死都不怕,这点困难怎么能限制我继续前行。"

她走村串户了解情况,但是一开始并不受欢迎。

"你这个小年轻,我们跟你聊了也没用。""跟你说了你能帮我们解决问题吗?一个女娃娃能行?"

黄文秀觉得心里憋屈,搞不懂为什么自己辛辛苦苦地翻山越岭、走村串户,群众却还质疑。她找到村里的老支书梁建念请教,老支书语重心长:"黄书记,你刚来,老百姓对你还不熟悉,他们不愿与你深聊,你也要理解他们。农村其实就是个熟人社会,老百姓们跟你熟了,自然就接纳你了。"

有一次入户,村里的贫困户老黄要求纳入低保。村党支部书记周昌战告诉他没达到纳入低保的条件。老黄却反问:"那我要'贫困户'干什么?"谈不拢,扶贫手册填不了,工作没法开展。

"文秀书记说让她来试试,结果老黄连门都不开。"周昌战说,黄文秀吃了闭门羹,但并没放弃。一次不行就两次、三次。好不容易敲开了门,老黄还是黑着脸,"我为什么不能享受低保?为什么不给我发小额信贷、产业奖补资金?你不给我,我就不在手册上签字。"

黄文秀笑着说:"我也姓黄,我叫你哥。哥你这么聪明、勤快,一定能奔小康。"几通好话,老黄脸上有了笑容。黄文秀趁热打铁:"政策有的,我一定给你。你把果园经营好,我帮你申请产业奖补。"

此后,黄文秀和老黄以兄妹相称,她向老黄解释扶贫政策,时常到他家果园查看,叮嘱要做好果园护理。不久,老黄一家脱贫。

百坭村村民种了很多砂糖橘,但还是穷。"我们种植技术不行,又没销路,挣不到钱。"村民们说,文秀书记来了后,联系到百色一家公司,帮村民建起标准化果园,村民以土地入股,公司负责传授技术。

可是果怎么卖出去,又让村民伤脑筋。村屯路不好,来收果的都是本地小摊小贩,一天也拉不走几车。黄文秀争取资金修好道路,联系云南、贵州等外省大果商来收购。她还帮着建立电商服务站,为30多户贫困户销果创收。

如今,百坭村摸索到了适合本村发展的产业——种植杉木、砂糖橘、八角等,全村种植杉木从原来的8000余亩发展到2万余亩,砂糖橘从1000余亩发展到2000余亩,八角从600余亩发展到1800余亩,另外种植优质枇杷500余亩,种植产业成为群众脱贫致富的支柱产业。

周昌战说,扶贫工作非常辛苦,但从没人听黄文秀叫过"苦"。她陆续帮村里解决了4个屯的道路硬化,修建蓄水池4座,完成两个屯路灯的亮化工程。2018年3月,百坭村的贫困发生率为22.88%,经过努力,2018年百坭村103户贫困户顺利脱贫88户,贫困发生率降至2.71%,实现了贫困户户户有产业,村集体经济项目增收翻倍。

"要用自己的力量为他人、为国家、为民族、为社会做出贡献"

作为驻村第一书记,黄文秀特别注重在脱贫攻坚中发挥党支部的战斗堡垒作用。

她从走访中了解到，群众原来不大配合村里工作，一个重要原因就是村"两委"干部为群众办事不够主动，有时群众办事找不见人，意见比较大。黄文秀从抓实抓严村干部的坐班值班制度开始，白天落实专人负责在村里接待群众，晚上与村干部一起开展遍访贫困户工作，征求意见、宣传政策，群众满意度大幅提升。

黄文秀走访了百坭村38名党员，征求党员对全村发展的意见建议，并将他们划分为3个党小组开展各类活动。同时，她还积极将"三会一课"等组织生活融入扶贫工作中，扎实推进抓党建促脱贫工作。

作为一名党员，黄文秀始终牢记初心和使命。村民黄仕京家因学致贫，黄文秀了解情况后及时为他家申请"雨露计划"，一次性落实了5000元补助，解了燃眉之急。黄仕京非常感动，执意留黄文秀吃晚饭。饭间，黄仕京突然问她，"你是在北京读的研究生，怎么会来我们这么边远的农村工作？"

黄文秀说："百色，是一个集革命老区、少数民族地区、边境地区、大石山区、贫困地区、水库移民区于一体的特殊地区，是全国脱贫攻坚的主战场之一，也是我的家乡。面对如此情况，怎么还有理由不回来？共产党是切实为群众谋发展、谋福利的党，怎么能不响应党的号召，到艰苦偏远地方工作？"黄仕京听后，当场端起酒碗向她敬酒，表示也要让家里孩子争取早日入党，毕业后回来建设家乡。

"听到他的话，我心里非常感动，自己的工作能够让群众真切感受到共产党的好，对我是非常大的鼓舞"。黄文秀在扶贫心得中写道。

近年来,黄文秀的父亲身患肝癌,做了两次大手术,让家庭再次陷入困境。但是,黄文秀不仅没向组织提出要求,还经常拿出自己的工资,慰问资助村里的孤寡老人和留守儿童。

"她父母亲的身体状况越来越不好,尤其是她父亲,她没有告诉我们,没有一个同事知道。"百色市委宣传部干部科科长何小燕回忆起来,泪流满面。

"6月14日,也就是黄文秀牺牲前的最后一个工作日,她还在与我们开会讨论村里的项目。"周昌战回忆说,当天,村里一个灌溉200多亩农田的渠道被山洪冲断裂了,黄文秀听到消息,第一时间带领村干部到现场查看灾情,当晚组织大家汇总受灾情况,商量如何抓紧维修、申请项目、解决群众急需的问题,还列出了维修任务清单。

翻开黄文秀的入党申请书,其中写道:"一个人要活得有意义,生存得有价值,就不能光为自己而活,要用自己的力量为他人、为国家、为民族、为社会做出贡献。"

这份庄严承诺,黄文秀始终践行,直至生命最后一刻。

(人民日报记者 刘华新 庞革平 李 纵)

《人民日报》(2019年6月30日 第5版)

黄宝妹
不当明星要纺纱
岗位永远在车间

黄宝妹，女，汉族，1931年12月生，1952年11月入党，上海人，原上海第十七棉纺织厂工会副主席，党的八大代表。新中国纺织工人的优秀代表，国家发展的见证者、参与者、奉献者。为实现"全国人民穿好衣"的梦想，勤勤恳恳干了一辈子，在平凡的岗位上干出了不平凡的业绩。退休后坚持发光发热，参与多地多个棉纺厂建设，积极服务居民群众，参加上海市百老德育讲师团，宣讲劳模精神、宣讲党的优良传统。两次荣获"全国劳动模范"称号。

现年 90 岁的黄宝妹满头银发，腰杆笔挺，讲话时中气十足，与人对谈时，她总是笑容满面。她每天至少步行 5 千米，称健康的秘诀，是保持乐观、奉献的心态。

20 世纪五十年代，青年们的生活，既团结紧张，又严肃活泼。在生产上，他们要努力地充当能手，在精神娱乐上，也要不甘落后积极进取。黄宝妹当时正是这样的青年。她是家喻户晓的全国劳动模范，会唱越剧、沪剧，个子高挑，样貌上佳且能歌善舞。

黄宝妹曾多次受到毛泽东主席等党和国家领导人接见。1958 年，周恩来总理到上海视察时提出，上海劳模、英雄多，应拍一部反映劳模的电影，以真人真事纪录片的形式，表现那个伟大的时代，和那些伟大的人民。

上海市委经认真讨论，决定围绕黄宝妹的经历拍摄一部电影。就这样，工人黄宝妹主演了以她的名字命名的电影。

2019 年 11 月 2 日，习近平总书记到上海考察，在杨浦滨江的人人屋党群服务站，黄宝妹向总书记讲述了她的生活。黄宝妹说，她亲眼目睹了祖国的发展。而总书记说，她是新中国的"见证者、参与者、奉献者"。

"总书记嘱咐我，今后要跟年轻人多讲讲。"她说，忘记意味着背叛，"忘记过去的苦，也不知现在的好。"去年她曾到B站直播讲课，"有领导说我讲得好，说老奶奶要多讲讲。"

一部没有"料"的电影，怎么拍？

1958年初夏的一天，黄宝妹刚上完夜班回家，上海国棉十七厂的宣传干事蒋永康，就带着刚刚拍完成名作《女篮五号》的导演谢晋找上门来。

当时的黄宝妹是著名的全国劳动模范，"报纸、杂志关于我的报道，每个礼拜都有。"黄宝妹以为，这次也不过是一次普通的采访。

谢晋导演和黄宝妹的谈话只进行了20几分钟，谢晋的问题，主要围绕黄宝妹的家事和工作进行。回忆起60多年前和谢晋的初次相见，黄宝妹告诉红星新闻，当时她"一点都不知道这次谈话是为了拍电影"。

没想到，谈话快结束时，蒋永康突然对黄宝妹说："这次谢导来，是要把你的事迹编成剧本，拍部电影。"她对谢晋说，"我一个普普通通的女工，能有什么事迹，值得拍成电影？"

谢晋的解释很诚恳："我们不但要把你的事迹拍成电影，还考虑让你亲自当主角。"黄宝妹一听更是吓坏了，"我从来没演过戏，让我上银幕，这哪能行？"谢晋鼓励她，"不要怕，试试看，要有说服力，就得你自己演自己。"

这是一次闪电式的对话,也算谢晋对黄宝妹的一次"面试"。谢晋认为,黄宝妹是劳动者代表,她和蔼谦逊,应该可以当好这个主角。

电影的出品方是天马电影制片厂。在正式开拍前,制片厂成立编剧组,先期采访和搜集黄宝妹的先进事迹。工作人员通过不断与黄宝妹及其身边人物的交流,掌握了大量的鲜活素材。

但是,从编剧和导演的角度看,黄宝妹的这些素材,实在谈不上"可歌可泣""惊天动地"或者"惊人地与众不同"。

也就是说,黄宝妹只是一个普通的纺织女工,这注定了她的故事"太平"。她最鲜明的特点,不过就是年复一年日复一日地在细纱机上,做着简单重复的动作罢了。

拍这样一个没有"戏份"的平凡工人,是不是可以加点"料"?如果加"料",会不会与"真人真事"的拍摄原则相悖?正式开拍前的一次会议上,编剧组人员为这个问题起了争执。

最后的一致意见是:什么"形式""惊奇",通通不要考虑了。编剧组决定,什么感受最深,就写什么。拍出来能感动人的,就是好电影。

据记录,这部电影中,上海国棉十七厂脱产拍戏的有十六七人,他们全部是"自己演自己"。

工厂里的真故事:平凡中演绎不平凡

电影剧本由创作组的陈夫、叶明整理加工而成,审查定稿后就开拍了。剧组从各车间挑选文娱活动积极分子,黄宝妹所在班组就挑选了三四人，其他演员，还有书记、厂长、技术人员、车间主任等。

拍电影的过程很辛苦，"当时车间的机器老响，开始的时候什么都听不见。"黄宝妹向红星新闻回忆，拍摄初期她思想负担重，甚至紧张到迈不开脚，"后来才意识到，这是组织上对我的信任。"

时任文化部党组书记、副部长钱俊瑞到摄影现场勉励大家，他说，中国工人阶级自编自演自导上银幕，"这在当今世界是绝无仅有，工人同志一定会很欢迎。"黄宝妹告诉自己，只有克服"难与怕"，才能"演好自己"。

经过两个月的努力，现存版本为48分钟的黑白电影《黄宝妹》终于拍摄完成。电影在片头介绍：这部影片是根据上海国棉十七厂黄宝妹同志的真实事迹编写，也是由创造这些生活的本人亲自演出的。

《黄宝妹》的梗概是这样的：一名女编剧"为了反映祖国飞跃发展的面貌"，要访问一些先进的生产单位和模范人物，她在报纸上看到报道说，全国著名的纺织劳动模范黄宝妹又回到了生产车间，正在带动她的小组，为出优质纱"开展着热火朝天的生产高潮"，于是这名编剧来到了上海国棉十七厂。

这名编剧以为，全国劳动模范应该"会有惊人的与众不同的本领"，可几天接触下来，她发现黄宝妹"怎么都看不出特点来"，只是"朴实地、平凡地工作"。

但黄宝妹的不平凡，却在影片接下来讲述的三个真实故事显现：黄宝妹和女工薛红英"弄堂"对调，但纺出来的纱，质量依旧上等；黄宝妹带领姐妹们参加竞赛，她们在4个半小时内消灭了纱线上的"白点"，却间接地帮助其他车间获得冠军；车间要换机器，并由此引发了一场"到底是人掌握机器，还是机器掌握人"的大讨论。

黄宝妹认为，人应该掌握机器，而不能由机器掌握人。她想出了"逐锭检修"的方法，影片及其他文献资料均描述：黄宝妹对待机器，就像保姆对待孩子。

"历史上，还没有任何一个女工提出自己修理机器的念头。"电影中，这名编剧画外音说，"那时候，她诅咒这台机器，因为那时候她是机器的奴隶。可今天，她是机器的主人了。"

劳苦大众翻身："要为人民拼命纺纱"

一部短短48分钟的电影，无法道尽黄宝妹平凡中的伟大。事实上，黄宝妹"人还没有机器高"时，就在纱厂做工了。她说，忘记意味着背叛，"忘记过去的苦，也不知现在的好。"

1931年，黄宝妹出生于上海浦东高东乡麦家宅，1944年，她进入了上海裕丰纱厂（当时为日本人开设，上海国棉十七厂前身）。她告诉红星新闻，她本来有兄弟姐妹9人，因家里穷"死掉了6个"，为了生计，她不到14岁就进了纱厂。

正如电影中所言，这一期时期她是机器的奴隶。在工厂里，她和工友们要12小时不停巡回跑，工厂潮湿昏暗，动作稍慢，他们就会遭到"拿摩温"（英文 Number One 的谐音，意为"第一号"，意指旧时上海外国纱厂里的工头）的毒打。

她暗想，哪怕再苦再累再屈辱，"技术一定要学到手。"经过勤学苦练，她做到了"挡车400锭"，而一般工人只能到270锭。

1949年5月27日，上海解放。黄宝妹回忆，那真是"神兵天降"，马路上到处是解放军，而她的感觉是，"劳动人民终于翻身做了主。"在新的上海国棉十七厂，黄宝妹迎来了重生，"当时我想，既然共产党是为人民服务的，纺纱也是为人民服务，所以我就拼命干。"

黄宝妹于1952年入党。1953年，她被评为中国纺织工业部劳动模范，1956年与1959年，她两次被评为全国劳动模范，是新中国第一代全国劳模之一。此外，她还多次被评为上海市劳动模范和三八红旗手。

谈及这段历史，原中国纺织总会会长吴文英曾称，数十年来，几代纺织工人在党的领导下，为了"穿衣"这个具体的目标，在平凡的岗位上默默无闻地奉献青春和汗水，黄宝妹就是其中的代表。

黄宝妹的一名徒弟描述，黄宝妹对纺织厂的工序、工艺流程了如指掌，"细纱接头7个动作，她连贯细腻，一气呵成，那是日积月累下来的功底。"

黄宝妹告诉红星新闻，如果非要说有什么贡献，那就是她创造性地劳动，使得其管理的机器，棉纱上出的"皮辊花"（因纱线断头而卷绕在皮辊或绒辊上的棉纤维）总是比别的工人少。

毛主席接见过黄宝妹多次，第一次是1956年2月。当时厂里的总工会叫她去开座谈会，但没人告诉她是毛主席来了，"其他领导不同意我去，怕参加这样活动多了，以后评不上劳模了。"

"后来总工会说，这次会议会很重要，一定要去。"黄宝妹没想到，这一去她竟然见到了毛主席，"当时我像做梦一样，还以为到了北京。"

这次会议只有她一个工人代表，她紧紧拉住毛主席的手不放，"主席问我是做什么工作的。我说，我在纺织厂。主席说，纺织厂好，全国人民穿衣服，要靠你们了。"

不想当明星的纺织工："岗位永远在车间里"

电影《黄宝妹》全国放映后引起了巨大反响，各大报刊纷纷发表放映消息和评论，上海各大电影院贴满了《黄宝妹》海报。人们感受到，在那个节衣缩食的年代，纺织工人生产的一丝一线，都饱含着家国情感。

一夜之间，工人黄宝妹成了家喻户晓的纺织明星，她收到了行业内要求去做报告的大量邀请。还有人跟她说，一个纺织女工，不但成了电影演员，而且还担任了主角，真是了不起。

1959 年，《黄宝妹》和《林则徐》《五朵金花》等影片送往北京，作为国庆十周年献礼。黄宝妹回忆，献礼期间周恩来总理请大家吃饭，席间文化部副部长说，总理啊，《黄宝妹》这部电影拍得很成功，评价很高，建议黄宝妹当专业演员，"我当时就说，哎呀，镜头前我走路都走不好。"

"他们说我拍电影成功了，可以考虑从影当明星，不用再出苦力流汗。可我知道，拍电影只是一项任务。我的岗位，永远在车间里。"黄宝妹告诉红星新闻，她退休前一直工作在国棉十七厂。

黄宝妹说，这辈子她注定了就是一个工人，不可能去当演员明星，因为毛主席的那句话，"就相当于交给我任务了。"

退而不休的老党员："up 主"讲党史 B 站直播

现年 90 岁的黄宝妹满头银发，腰杆笔挺，讲话时中气十足，与人对谈时，她总是笑容满面。她说，她每天至少步行 5 千米，健康的秘诀是保持乐观、奉献的心态。

黄宝妹和儿子儿媳住一起，系四世同堂。这是一户模范家庭，室内设施简朴，墙上挂满了各领导人接见黄宝妹的合影。黄宝妹说，当工人时，她要培养徒弟四处讲课，孩子的抚养交给了丈夫和母亲，现在，儿媳妇把家里安排得井井有条，"家里做什么我就吃什么。"

黄宝妹是"上海百老德育讲师团"的成员之一，闲暇之余，会到一些学校和机关讲课。她建议青年爱岗，认为热爱是发明的基础，而干部应该"到下面去"，只有这样，"为人民服务"这句话才能有的放矢。

2019 年 11 月 2 日，习近平总书记到上海考察，在杨浦滨江公共空间的人人屋党群服务站，黄宝妹向总书记讲述了她的生活。黄宝妹说，她亲眼目睹了祖国的发展。而总书记说，她是新中国的"见证者、参与者、奉献者"。

"总书记嘱咐我，今后要跟年轻人多讲讲。"去年 10 月，她曾参加上海市离退休干部先进集体和先进个人表彰的大会，杨浦区"金色夕阳"老干部正能量工作室获奖，黄宝妹是该工作代表。获奖当天，她对现场一百多人进行了演讲，这场演讲在 B 站进行了直播。

B 站直播间背后，是数不尽的年轻人。用"up 主"的方式讲党史，成了黄宝妹晚年的新"创举"。黄宝妹说，共产党员退而不休，她就是要发动年轻人一起来建设国家，"有领导说我讲得好，说老奶奶要多讲讲。现在我就是这样，只要精力允许，就一定会多讲讲。"

（本文部分内容参考朱金大、韩兆云主编的《踏遍青山人未老——劳动模范黄宝妹》一书）

（红星新闻记者　刘木木）

红星新闻·成都商报社 2021 年 6 月 11 日

崔道植
弹道有痕　忠诚无悔

崔道植，男，朝鲜族，1934年6月生，1953年12月入党，吉林梅河口人，黑龙江省公安厅刑事技术处原正处级侦查员。我国第一代刑事技术警察、中国首席枪弹痕迹鉴定专家。60余年刑侦生涯，检验鉴定7000余件痕迹物证，参与办理1200余起重特大案件疑难痕迹检验鉴定，无一差错。研发现场痕迹物证图像处理、枪弹痕迹自动识别系统，填补国内多项技术空白。80多岁高龄仍忘我工作，参与破获久侦未破的系列案件。荣获"全国公安系统一级英雄模范"、"全国离退休干部先进个人"等称号。

他是一个传奇，身经百战，屡建奇功，仅凭一个弹壳就能拨开重重迷雾、半枚指纹就能锁定真凶，被称为中国警界重大疑难刑事案件痕迹鉴定的"定海神针"。

他是一个标杆，从志愿军战士到刑事技术专家，在人生的"两个战场"上付出毕生心血，85岁仍忘我工作。

他，就是仍在为国家刑侦工作奋斗不息的首席枪弹痕迹鉴定专家——崔道植。

一份真挚的信仰，进入组织大门第一天获取支撑一生的力量

崔道植出生在吉林省梅河口市一个贫困的朝鲜族家庭，童年遭遇日本侵华战乱，自幼跟随父母逃亡，忍饥挨饿，地主家锅底一块焦糊锅巴也要和姐姐推来让去，直到新中国成立，不再挨饿又有书读。崔道植深深记得共产党的好，尤其是在17岁入伍加入中国人民志愿军那一天，嘹亮的军歌军号响彻云霄。

"进入组织大门第一天，获取了支撑一生的力量。"提起初心的起点，崔道植记忆犹新。

怀着一份真挚的信仰，崔道植一路走来始终步履铿锵。

"尤其是进入公安机关后，我先后到中央民警干校（现中国刑警学院）、哈尔滨业余职工大学、哈尔滨医科大学学习，组织上为我花费了很多精力与经费，我觉得自己必须回报组织。"崔道植说。

如饥似渴地学习刑事科学技术以及与之相关的医学、数学和逻辑等方面的知识，崔道植夯实了业务基础，丰富了知识才干。

1975年，公安部在郑州召开的全国刑事技术工作会议上，崔道植与其他4个省的同行承担了《人手各部位长宽度与身高、年龄、体态的关系》的科研课题，经过4年不懈努力，共搜集了12.5万份指纹卡。崔道植运用数理统计学对国人手掌各部位长宽度进行了系统的统计分析，为利用案发现场手印分析犯罪分子生理特点提供了新的依据。

1994年初，崔道植决定立项研究痕迹图像处理系统。该项研究必须依靠计算机技术，这对崔道植来说绝对是"硬骨头"。为了按时完成课题任务，他经常向课题组合作伙伴、专家、教授请教，有时为了掌握一项图像处理技术，几天不回家。经过课题组全员的共同努力，终于在1996年10月圆满完成课题任务，并顺利通过了部级专家鉴定。

一个警察的传奇，一个个惊天大案的谜团被逐一解开

从1955年从警至今，崔道植检验鉴定的痕迹物证超过了7000件，

平均每3天鉴定一件罪案痕迹，无一差错。

凡有刑事案件必有现场，凡有现场必有痕迹。而凡有大案或棘手问题难以突破时，一句"请崔道植来"，成为一线刑警的"定心丸"。

翻开崔道植在刑侦领域奋战50多年的工作笔记，白宝山袭军袭警案、张君特大系列抢劫杀人案、郑州特大持枪抢劫杀人案……几乎每一起大案要案的侦破都闪现着这位现代福尔摩斯的智慧。

1996年3月至12月，北京、河北连续发生7起袭击武警、驻军哨兵，抢劫武器弹药、持枪抢劫杀人案。1997年7、8月间，新疆又接连发生3起持枪抢劫巨额现金案。

连续发生的案件震惊全国，公安部将此案列为1997年"中国刑侦一号案"，以新疆为主战场全力展开侦破，国际刑警组织也将此案列为当年国际第三号刑侦重案。

"这起案件，我记得很清楚。"崔道植回忆说，当时的公安部刑侦局局长张新枫对我说："案件侦破重点定为以弹定枪，按枪找人。老崔，你好好研究一下，这几起凶案，是否是同一支枪打响的？"

作为中国首席弹痕专家，崔道植的独门秘籍就是辨别纤如发丝的弹痕，经过平时对各类子弹数以万计的鉴别，崔道植已炼得"火眼金睛"。

一个北京，一个新疆，相隔3000多公里，要将两地枪案进行串并，是一个高强度、高难度的任务，任何细微的偏差都可能导致整个案件的侦破失败。

"大量的弹头在受到撞击后严重变形，要从这样的弹头上提取到完整的膛线痕迹，已经不可能。"崔道植告诉记者，此时更重要的是对子弹的感觉，这是在弹雨中多年磨炼与积累而来的。

崔道植与同事经过 4 天连续工作，最终得出 3 点结论：新疆 3 起案件的弹头、弹壳均为同一支"八一式"步枪发射；新疆和北京案发现场弹壳为同一支"八一"式步枪发射；根据作案者熟悉两地的情况分析，歹徒很可能是在北京犯罪后被送往新疆服刑的人员。

崔道植的 3 条意见为指挥部作出并案侦查的重大决策提供了科学依据，指明了侦查方向，刻画了犯罪嫌疑人的形象。果然，一周后案件告破，犯罪嫌疑人白宝山的情况与崔道植的判断完全符合。

那一年，崔道植 63 岁，作为国内首屈一指的痕检专家，他退而不休，仍奋战在刑侦工作一线。在崔道植身上，仿佛有种令人难以想象的张力。正是凭借这股力量，让张君特大系列抢劫杀人案、白银系列强奸杀人案、黑龙江鹤岗杀人抢劫案等一个个惊天大案的谜团被逐一解开，一张张罪恶的画皮被彻底扯去。

一名真正的战士，从 17 岁申请上战场到 85 岁申请重返现场

"我在养老院已经一年多了，我要争取重返勘查现场，很多案子不到现场是不行的。"在养老院里的崔道植，是按天计算日子的。提起重返现场，老人神色焦急。

一年前，因老伴小脑萎缩患有老年痴呆症，崔道植为照顾老伴搬迁至一家养老院居住，并且一并带去了自己全部痕迹鉴定设备。一年来，

崔道植一边照顾老伴,一边以养老院房间作为办公室,不断接受公安部传来的痕迹鉴定样本和检材,鉴定完毕后再通过网络传至公安部。同时,85岁的崔道植每天都在整理资料,将以往工作中的成功案例做成PPT,留给年轻一代刑事技术人员做参考,并聚精会神推进非制式枪支建档课题攻关。

"老伴的病情逐渐稳定,我已经和3个儿子商量好了,公安部再有案件现场勘查任务,由他们3个轮流照顾,我还要重返一线勘查现场。"

采访期间,崔老反复提起要重返现场。事实上,崔道植在一年前还曾接受公安部指派,乘坐11小时飞机赴云南执行疑难枪弹痕迹鉴定任务。

但凡找到崔道植进行鉴定的样本和检材,都是难点中的难点,都是众多专家难以定论的疑难鉴定任务。近日,公安部刑侦局给崔道植传来一份枪支信息样本,请求崔老判断枪支生产地。崔道植为了认真研究比对有关信息,熬夜干了一个通宵。对于一位85岁的老警察来说,他对此不以为然,"没感觉累,习惯了。"

回忆当年,自1951年2月入伍参加中国人民志愿军的4年时间里,崔道植也是一次次申请上战场,但组织上坚持让他从事培养朝鲜语翻译的工作,最终拗不过他的坚持,批准了"请战书"。

弹道有痕,岁月无言。

虽身经百战,崔道植所获的奖章并不多,仅1枚公安部颁发的二等功和5枚三等功奖章。尽管如此,他永远心存感激,想方设法地做更多事来回报组织。

这些年，他带头攻克多项科研难题，主持研究的痕迹图像处理系统、枪弹痕迹自动识别系统等，填补了国内多项技术空白；他研究发明的用铝箔胶带复制弹头膛线痕迹的制作方法和弹头膛线痕迹展平器，以更稳定、更清晰的呈现效果被多地公安机关采用。

鲜有"功勋章"，却留下更多实绩和声名。崔道植将赫赫功勋刻在维护公平正义的警徽之上，记在了享受平安生活的百姓心中。

今年初，崔道植被黑龙江省公安厅授予"龙江公安特别贡献奖"。在颁奖仪式上，他将陪伴自己多年、屡建奇功的显微镜郑重地递交给黑龙江省公安厅刑事技术总队的同事们，就像是一种传承。

唯有历经坎坷终不悔的担当，才能写就警察生涯最辉煌的答卷；唯有心中坚守的恒久信念，才能让生命的绚烂永不落幕。这，就是一名共产党员和人民警察无悔的忠诚！

（吉林日报记者　王子阳　刘　巍）

《吉林日报》（2019年7月3日　第1版）

蓝天野
一事能狂便少年

蓝天野，男，汉族，1927年5月生，1945年9月入党，河北饶阳人，北京人民艺术剧院原演员、导演。将一生奉献给人民文艺事业。青年时代参加革命，从事进步文艺活动。解放后，出演或导演《蜕变》《茶馆》《家》等数十部优秀文艺作品，塑造众多经典人物形象。传承艺术艺德，发掘和培养一大批文艺界领军人才，为中国话剧艺术繁荣发展作出重大贡献。荣获"全国优秀共产党员"称号和"中国戏剧奖·终身成就奖"等。

每个观众心中都有一个属于自己的蓝天野：他是电视剧《封神榜》中仙风道骨的姜子牙，是《渴望》中温文儒雅的王子涛，或是话剧《茶馆》中丰神俊朗的秦二爷……即使已至耄耋之年，蓝天野的话剧形象还在不断丰富着：他是《家》中虚伪道学的冯乐山，是《甲子园》中饱含家园之情的黄仿吾，可能还会是……

"大地是沉郁的，生命藏在里面。"（曹禺话剧《原野》）想起蓝天野，我总会想起米勒的油画《播种者》，在蕴藏生命的大地上，播种者不计较稻穗何时饱满，只是投入地施肥灌溉，看着禾苗一天天成长——我心中的蓝天野，就是这样一位充满热情和生趣的创造者。

青年时的蓝天野，也许是同代人中身体最不好的一个，曾经消瘦得脸上都挂不住妆，两次晕倒在舞台上，以至于这位深爱舞台的艺术家，为了不给观众提供表演"次品"，主动申请转行做了导演。如果没有遭遇接连不断的政治运动，导演蓝天野能够创造出的舞台艺术精品，绝不止于他在20世纪80年代的几部代表作。自1992年《茶馆》告别演出后，蓝天野因离休而离开了话剧舞台，一别就是19年。

离开舞台的蓝天野以画家的身份活得很恣意。是呀，绘画对蓝天野而言，或许是更执着的艺术追求。他少年时初学西画，后又迷上中国画大写意，曾拜师于李苦禅、许麟庐先生。他喜画鸟，鹰、鹭、鸬鹚、天鹅、鸽子……这些飞鸟，显露出一颗渴望自由的心，尤其是他笔下的鹰，神态庄重，又桀骜不驯，神似画者。15岁时，在日军占领下的北京，蓝天野创作过一幅木刻版画：一双戴着镣铐的手，正在极力抗争。大他一岁的苏民被这幅画触动，两人从此倾心相交，一同走上革命与艺术之路。应该说，在绘画与表演之间，蓝天野找到了结合点。在话剧艺术的人物造型、化装，乃至表演、导演风格上，他从绘画，尤其是中国画大写意中获益良多，"以少胜多""意在画外"等美学品格，都融入他富有意蕴的舞台创造中；而在画中国画时，他笔下的人物，如米芾拜石，陶渊明醒石，山鬼与野兽，达摩一苇渡江，一叶观音……都捕捉到鲜明的人物造型与瞬间的情感状态，神韵生动。

不管是对绘画还是演剧，他都有种不到极致誓不罢休的劲头："艺术创造，如果能做得更好一些，为什么不呢？"也正是由于这种艺术责任感，当北京人艺诚邀他担任艺委会委员时，画家蓝天野回来了，重新成了演员和导演。在后浪迅疾拍打前浪的人生海滩上，有多少人迷惘逃避，有多少人虚掷沉醉，有多少人止步不前……谁能想象年过八旬的蓝天野，在短短几年内，不但连续在话剧舞台上塑造了两个全新的艺术形象，还在中国美术馆举办了个人画展，又带领一帮年轻人复排大戏承继北京人艺演剧传统，抽空还著书30余万字回顾自己长达70年的艺术人生？

对于他这几年的经历，我总会想起他饰演姜子牙时的一句台词：

"姜尚在此等候多时了！"也会想起他曾创作的一幅《太公钓鱼图》：八旬姜尚静坐危崖，竹竿直钩。题记"宁在直中取，不向曲中求"。白发姜太公垂钓渭水河畔，终于等到明君辅佐；蓝天野离休多年复出，宝剑锋芒犹存。

许多人注意到蓝天野开始用起手杖了。起初是他为话剧《家》中冯乐山设计的造型。后来他在排练中绊了一跤，身边的人都吓坏了，然而他起身摇首，淡淡说没什么。已至耄耋的他确实也思维敏捷，身手灵活，去哪里多是独来独往。这但这一跤真是跌得让人后怕，手杖便成为必备工具。但手杖在蓝天野的手里，不只是为了防止跌倒，或是冯乐山身份的象征，更成了他表现人物的重要道具。在跟觉慧冲突的时候，冯乐山举起手杖指指点点，色厉内荏；在背地里恐吓婉儿时，他用手杖在跪着的女孩手背上一拧，阴狠毒辣。第二年担纲主演大戏《甲子园》，蓝天野又精心利用了手杖道具：建筑学家黄仿吾首次出场时，刚参加完朋友的葬礼，归来途中，顺手在山上折了根虬枝，回家后自己修整成手杖，不再离手，既表现了人物的生活情趣，更暗示了他病情的逐步加重。

演了这两部戏，蓝天野也总是手杖在手了。他在复排自己31年前导演的《吴王金戈越王剑》时，全心专注于每一位演员的表演，手杖在侧，不怒自威，创造出排演场应有的庄严氛围；偶尔也会忍不住起身示范，以杖代王剑，令一旁饰宫女的演员顿觉寒气森森；偶有兴之所至，挥杖起舞，又恍若一代武学宗师。

2014年5月5日，《吴王金戈越王剑》复排第一轮演出结束，在当晚的庆功宴上，蓝天野站立举杯，述说"迷惘"：

"接下来还要做些什么？——不知道。

今后还会发生些什么？——不知道。"

我相信他的这两句话，是发自真心的。一事能狂便少年。只要身体允许，他一定不会停歇于新的创造，新的追寻。

手杖伴白首，艺途漫漫跋涉，蓝天野如同夸父追日般执着，不渝地追求自由创造的艺术境界。我想，他那手杖，有一天也必定如夸父之杖，会变成郁郁葱葱的桃林，滋养庇荫着一代代戏剧人。

（罗琦）

《人民日报》（2014年6月26日 第24版）

魏德友
一个牧羊人 一座"活界碑"

魏德友,男,汉族,1940年11月生,1983年6月入党,山东沂水人,新疆生产建设兵团第九师161团1连退休职工。兵团精神的典型代表。把家安在边境线上,为国巡边50多年,劝返和制止临界人员千余人次,管控区内未发生一起涉外事件,他的家被称为"不换防的夫妻哨所"。巡边总里程达20多万公里,相当于绕赤道5圈,被誉为边境线上的"活界碑"。荣获"全国道德模范"、"时代楷模"等称号。

沿着蜿蜒崎岖的羊肠牧道驶进萨尔布拉克草原深处,一间用土块和牛粪砌成的屋子孤零零地立在空旷的草原。土屋往西 1 公里处,一群羊撒在草地里悠闲地啃草,旁边有一个身着迷彩、戴着白帽的黑老头,骑在一垛野草上呆呆地盯着,手里不时拨弄着挂在胸前的那部黑色收音机。

这位老人叫魏德友,就是我们要找的人,一个穷尽一生扎根中哈边境草原"无人区"的人,一个被称为边境线上"活界碑"的人。

孤独与陪伴

每年夏冬牧季,超过 50 平方公里的大草原就剩下魏德友一家和 100 多只羊。夏天,蚊蝇成群,叮得牛羊到处乱窜;冬天,雪厚近一米,这里几乎与世隔绝。

从英俊小伙到耄耋老人,当其他人一个个离开,魏德友吆喝着羊群孤身坚守,至今已有 52 年。在那遥远的地方,他义务巡边近 20 万公里,相当绕地球赤道 5 圈,劝返和制止临界人员千余人次,堵截临界牲畜万余只,从未发生一起涉外矛盾。

而今,76岁的他仍住土屋、喝咸水、啃冷馍、守寂寞,与星月羊犬为伴,与风雪饿狼较量。他说:"我要一直守下去,守到自己动不了的那一天。"

也许是远离人群太久了,魏德友始终话不多。与他朝夕相伴的,除了妻子刘京好,就是一部小收音机。记者走进他简陋的家里,只见他喝了口水,从脖子上摘下收音机,用粗糙的手抹去沙土,小心翼翼地放到柜子上。这部收音机,是这个不抽烟不喝酒的老人两年前赶集时花80块钱买的。他放羊时,巡边时,种菜时,机子不会离身。收音机只能收到4个台,但对老两口来说已经知足了。

草原风大,夹带着沙土,收音机特别容易坏。从1964年到新疆生产建设兵团161团兵二连屯垦守边至今,魏德友整整用坏了50台收音机。

1967年,魏德友从山东老家娶回了并不情愿嫁给他的刘京好。千里进疆路,愈行愈荒凉。火车换汽车,汽车转驴车,刘京好走一路,哭一路。而条件更差的还在后头——他们即将入住的"婚房",只是戈壁滩平地挖出来的一个地窝子。

"沙暴一来,地窝子里的人就全变成了土猴。"她回忆说,这里牛虻和蚊子太厉害了,大牲口被叮一口,都疼得直蹦,她胳臂、腿上每天都被咬得肿起一大片,"当时怎么也说服不了自己坚持住,留下来。"

生活了一个月后,刘京好再也忍不了了。一天中午,干完活儿就径直回了家,把衣服打个包袱,扛上就走。她不知道该去哪儿,只想离开荒凉的萨尔布拉克。

魏德友从地里回来,看见家里乱糟糟一团,妻子的衣服全都不见了。他立时往出连队的小路狂奔,跑了40多分钟,远远望见妻子的身影,一边喘气一边大声喊:"你往哪跑?有狼呢!"

"他还真唬住我了,我没再继续走。"忆起青年时光,刘京好忍不住笑了,"后来,他追上来,连拉带哄带劝,把我又带回了家。"

当时,她认准了魏德友一句话——"咱在这待上几年,到时我和你一起回老家!"

然而,这个承诺至今都没有兑现。

绝望之时

随着孩子降生,刘京好的心逐渐定下来了,开始了解当地一些情况:这片草原是个通外山口,曾发生过严重的边民外逃事件。甚至,外国人来拉运中国边民的汽车在这片荒滩上轧出了一条路。而魏德友把守好这片土地当成自己的使命。想到这些,她越来越理解丈夫。

魏德友是个老兵。当时,从部队转业到新疆生产建设兵团161团兵二连屯垦戍边,30多名战友一下车都傻了眼,茫茫戈壁什么也没有。大家住在地窝子里,那是真正的白手起家。

魏德友和守边牧民坚持通过放牧的方式捍卫领土,与手握钢枪的外国士兵面对面也不后退。1987年冬天,魏德友像平时一样在黄昏时分出去巡边。他骑着马绕完一圈准备回的时候,突然刮起了暴风雪,嘶吼的风刮得他睁不开眼，大雪漫天，一会儿就淹没了牧道。

风太大了，马都只能侧着头走，很快就迷了路。魏德友使出浑身的劲儿拉着缰绳走，寒风刺骨，筒靴里漫进了雪，汗水浸透的衣服冻成了冰。走走歇歇，5个小时过去了。已经筋疲力尽的他扶着马，摘下帽子，看着四周白茫茫的一片，不知如何是好，脑子里已冒出绝望的念头。

就在这时，前方亮起几道白光。"是手电筒！"他心里腾起了希望，赶紧打开自己的手电，使劲地摇。远处的人影渐渐地清晰起来——是边防连的战士！魏德友逃过了一劫。

他回到家已是半夜，担惊受怕了一晚上的刘京好红着眼眶，给丈夫烧水、换衣服。看到他冻得浑身哆嗦，刚想埋怨两句的妻子低着头，独自落泪。

半个多世纪以来，昔日战友陆续告老还乡，边防战士换了一茬又一茬，就连世世代代住在草原的牧民都逐水草而居搬到了条件更好的地方，魏德友依然坚守在空旷的草原深处。

损失几百只羊

魏德友至今住土屋，吃的米面需要女儿穿越几十公里牧道送进来，喝的是井里打出的连牲畜都不爱喝的苦咸水。平时一顿饭，节俭惯了的老两口就着一盘蔬菜啃馍馍。放羊巡边时，馍馍掰开塞点菜就是一天的伙食。

萨尔布拉克草原地势平缓，边境线缺少天然屏障。武警塔城地区边防支队政治部主任彭刚说:"牧民来了,经常抵边放牧,极易引发人员及牲畜非法越界。牧民走了,草原变成'无人区',发生偷越境的概率又相对增加。"

一些牧民贪恋水草丰茂,总是把牲畜赶到靠近国界的地方放养。"他们不知道,边境无小事,一头牲口越界就能让国家很被动。"魏德友有些无奈地说。

每到春秋季,魏德友总会特别警惕。他时刻观察是否有人畜抵边,一旦出现险情,第一时间冲上去制止、劝返,解决不了的就立即与边防派出所或者边防连联系。

只讲原则不讲情面,这股犟劲没少让魏德友吃亏。1992年秋一天夜里,有人趁着月黑风高,偷偷将魏德友家的羊圈门打开。第二天清晨,魏德友看到的羊圈早已空空如也。

魏德友的小女儿魏霞回忆:"那天,从我家房子往西边,一直到边境线附近,几公里的距离内,到处是被狼咬伤、咬死的羊。"

魏德友家400只羊损失殆尽,用车拉回来的羊尸体有近200具,另一半羊也再没了踪影。当时,他最主要的经济来源就是养羊。而这400只羊中,将近一半都是别人的,由他替人代牧。望着血肉模糊的死羊,想起两个年幼的女儿还等着上学用钱,刘京好忍不住号啕大哭。魏德友皱着眉头,什么也没说。

事实上,魏德友所在的新疆生产建设兵团161团兵二连早在20世纪80年代初就已裁撤。原本可以被分到离城市更近的连队的他是主动留下来的,停薪留职,放牛羊养活一家人。他总是说:"这块地方不能空着，要不以前不就白守了？"

原野上那一盏灯

魏德友育有一儿三女。在他们眼中，父亲很少进城，一刻都不愿离开草原。"他执拗起来，10头驴都拉不动。"二女儿魏萍说。

2002年，魏德友夫妇退休，在山东工作的四兄妹力劝父母回乡养老，但魏德友就是不肯，还说服老伴留下来。后来，小女儿魏霞回到了新疆工作。魏萍气得不行："你这一回去，爸妈就更有理由不来了。"

子女在临近的裕民县城买了套72平方米的房子，想着让二老住进去。可魏德友老两口至今都没在那个房子住过一晚。2006年冬天，魏德友夫妇到女儿家看寄存的羊，住了一天就死活不住了，非要赶回家里。女儿不让回，老两口就自己走着回去了。

积雪没到膝盖，到萨尔布拉克的房子要走13公里，吓得魏霞赶紧请人开车去追他俩，最终送回了家。女儿还被魏德友训斥："我们现在是护边户，我们不在，出了事怎么办？"

守边守了快一辈子，魏德友总说自己没有做什么事情。"那时候屯垦戍边，守边是工作和职责，守着守着就习惯了，就一直干下去了，就这么简单。"

50多年来，他只见过母亲一面。父母临终时，他两次都因大雪封山回不去，没见上最后一面，因而悔恨终生。

现在，每天清晨或傍晚，魏德友仍要来回走8公里的牧道去边境线，看有没有人员经过的痕迹，到牧民留下的房子查看情况。

　　夜幕降临，四野无声。月亮爬上山头，银辉遍洒萨尔布拉克草原。记者随魏德友赶着羊群从西而归，刘京好站在院中央吆喝牲畜入圈。两个苍老的身影走进土屋，广漠原野上亮起了唯一的灯光……

（新华社记者　何　军　张晓龙　宿传义　江文耀）

《新华每日电讯》（2016 年 7 月 31 日　第 1 版）

瞿独伊
新中国第一批驻外记者

瞿独伊，女，汉族，1921年11月生，1946年8月入党，浙江萧山人，新华通讯社原国际新闻编辑部干部。赓续红色基因的革命先烈后代。1942年被捕入狱，面对敌人威逼利诱，绝不屈服。立足本职岗位，勤勤恳恳奉献。开国大典上，用俄语向全世界播出毛主席讲话，作为我国第一批驻外记者赴莫斯科建立新华社记者站，其间多次担任周总理和中国访苏代表团的翻译。淡泊名利，从不向党伸手，从不搞特殊化，始终保持共产党员的精神品格和崇高风范。

创建于 1950 年的莫斯科分社，是新中国成立以后新华社建立的第一个驻外分社。

1950 年 3 月，李何和瞿独伊夫妇被任命为新中国第一批驻外记者，前往莫斯科建立新华社莫斯科分社。3 月 12 日，恰逢苏联第三届最高苏维埃选举投票日，在前往苏联的火车上也特别设立了选民投票箱。正在赴任途中的李何和瞿独伊在开往莫斯科的火车上发现这一情形之后，立即对同行的苏联旅客进行了采访，了解他们对此次苏维埃选举的感受和看法。

生活简朴　身兼数职

李何和瞿独伊于 1950 年 3 月 16 日抵达莫斯科。他们住的房子由中国大使馆事先代租，位于莫斯科市中心，包括两个小房间以及小厨房和卫生间。大一点的家具是从大使馆借的，其他小物件都是一件一件从商店购买，莫斯科分社当时没有汽车，所有外出活动都乘公共汽车。

莫斯科分社的报道任务主要是向国内介绍苏联建设的具体经验及与中国有关的新闻。报道工作主要由李何负责，他的俄语是在新疆自学的，阅读报纸、杂志还可以，但口语和听力要差一些。瞿独伊曾在苏联生活多年，俄语很好，但中文水平一般，她主要负责翻译和处理各种琐事，成为李何工作上的助手。

瞿独伊后来回忆："在莫斯科，我们身兼数职，既是记者、通讯员，又是译电员、抄写员、打字员、翻译，甚至还是会计、大师傅、采买员，各种零七八碎的琐事无不分散我们的精力。……我们不仅在工作中注意节约，在生活上也同样要求简朴。在给我们定薪时，李何主动减去400卢布，我也减掉700卢布。李何在分社工作期间，还义务兼任《人民日报》的工作。"

从早忙到晚

20世纪50年代初期，苏联对外国记者实行一套严格的制度，新华社莫斯科分社初创时期记者活动范围受限于莫斯科周围50公里以内，一切对苏联人的采访都要经过苏联外交部新闻司批准，所有稿件都要译成俄文送苏联新闻检查处。后来经过再三反映和要求，苏联有关方面在文字检查处安排了懂中文的工作人员，新闻检查不必再译成俄文了，外出参观的次数也逐渐由以年计发展到以月计。

1950年10月，正值中华人民共和国成立一周年盛典，新华社莫斯科分社先后向国内发回10多篇消息和通讯，反映了苏联人民对新中国的友好和热爱。新中国成立初期，国内缺少俄文翻译，因而有代表团访苏时，常常借瞿独伊去当翻译，周恩来总理访苏、中国驻苏使馆张闻天大使举行宴会和在群众场合讲话时，也请瞿独伊去当翻译。这使李何的工作更加繁忙了，有一次他对妻子说："独伊，你走了，我连饭都吃不上。"身负莫斯科分社发稿重任的李何，是一个对待工作非常严肃认真和一丝不苟的人。他工作起来经常一坐好几个小时，饭忘了吃，水也顾不上喝，从早忙到晚，星期天也不休息。

李何英年早逝

1953年瞿独伊进入苏联吉米里亚捷夫农学院学习。同年9月，新华社派出记者李楠到莫斯科分社工作。1954年夏秋，李何改任《人民日报》驻苏联记者。

1957年，瞿独伊回国后被分配到中国农业科学院工作。1958年春，李何也奉调回《人民日报》国际部。

李何年轻时患有心脏病，后来在长期新闻工作中不顾身体辛劳过度，经常加班加点赶写文章，使他的病情急剧恶化，终于不治，于1962年8月5日病逝，终年44岁。李何病故后，许多朋友、同事、战友前来看望瞿独伊。1978年，瞿独伊回到新华社工作，在国际部俄文组担任翻译和编辑，1982年离休。

如今，李何去世已经半个多世纪了，瞿独伊也已是90多岁的老人。虽然人生中曾历经坎坷，但她仍保持着积极乐观的心态。

（万京华）

《北京青年报》（2013年8月29日）

勋章闪亮映初心

2021年6月29日,在即将迎来中国共产党成立100周年的历史时刻,中共中央"七一勋章"颁授仪式在京隆重举行,习近平总书记亲自颁授"七一勋章"并发表重要讲话。

29名为党和人民作出杰出贡献的"七一勋章"获得者,接受党和人民的最高礼赞。首次颁授的"七一勋章",金闪闪,沉甸甸。

习近平总书记指出,一百年来,一代又一代中国共产党人,为赢得民族独立和人民解放、实现国家富强和人民幸福,前仆后继、浴血奋战,艰苦奋斗、无私奉献,谱写了气吞山河的英雄壮歌。

受表彰的"七一勋章"获得者,就是各条战线党员中的杰出代表。在他们身上,生动体现了中国共产党人坚定信念、践行宗旨、拼搏奉献、廉洁奉公的高尚品质和崇高精神。

在千锤百炼中筑牢初心

踏平坎坷成大道,越是艰险越向前,一代代共产党人任风吹雨打不褪色,经千锤百炼更坚强

一切向前走,都不能忘记走过的路;走得再远、走到再光辉的未来,也不能忘记走过的过去,不能忘记为什么出发。为中国人民谋幸福、为中华民族谋复兴,中国共产党初心如磐,一以贯之。

"亲爱的朋友们,当你坐上早晨第一列电车走向工厂的时候,当你扛上犁耙走向田野的时候,当你喝完一杯豆浆,提着书包走向学校的时候……朋友,你是否意识到你是在幸福之中呢?"每每重读经典作品《谁是最可爱的人》时,你会从深沉而热烈的文字中想起谁?

柴云振,作品原型之一,九死一生,战功赫赫。在抗美援朝朴达峰阻击战中,他作为班长,带领全班仅剩的 3 名战士直插敌群,打死打伤百余人。殊死肉搏中,他与敌人滚成一身泥,打得满身血,右手食指被敌人咬断,全身 24 处受伤。

"打得一拳开,免得百拳来",抗美援朝这一战,拼来了山河无恙、家国安宁,我们不应忘记那一场场艰苦卓绝的战斗。在最后一仗——金城反击战中,当时的青年指挥员王占山站在硝烟弥漫的山岗上,竖起一面红旗,上面写着豪壮的誓言:"我,王占山是中国共产党员,中华民族的好男儿,毛主席的好战士,攻得下,守得住,有我就有阵地!"

王占山在战斗中 3 次身负重伤,昏迷了,又醒过来,忍着剧疼,滚着,爬着。没有吃的了,就啃草根。弹药打光了,就抱起石头砸。他和

他的战友们坚守阵地四天四夜，打退敌人38次进攻。最终，就在这块钢铁阵地上，他们迎来了美国被迫在停战协定上签字的胜利喜讯。

实现中华民族伟大复兴，绝不是轻轻松松、敲锣打鼓就能实现的。在前进道路上，我们面临着难得机遇，也面临着严峻挑战。踏平坎坷成大道，越是艰险越向前，一百年来，一代代共产党人任风吹雨打不褪色，经千锤百炼更坚强。

郭瑞祥，矢志坚守初心的红军战士，16岁投身革命，先后参加抗日战争、解放战争，作战英勇。在情况非常危急、部队成分不纯的情况下，他及时整顿健全组织、加强党的领导，有效挽救危局。

黄宝妹，新中国纺织工人的优秀代表，为实现"全国人民穿好衣"的梦想，勤勤恳恳干了一辈子，在平凡的岗位上干出了不平凡的业绩。

陈红军，新时代革命军人的杰出代表，坚守高原边防10年。2020年6月15日，他奉命带队前往一线紧急支援，在同外军战斗中，英勇作战、誓死不屈，壮烈牺牲。

刘贵今，一生奉献对非外交工作，为促进中非关系发展作出突出贡献。他年逾七旬仍为深化中非合作发挥余热，是首位中国政府非洲事务特别代表。

为国担当，为民奉献，冲锋在前，苦干实干。神州大地上，党的旗帜始终高高飘扬；百年党史中，先锋力量始终奔涌不息。

"一个人要活得有意义，生存得有价值，就不能光为自己而活，要用自己的力量为他人、为国家、为民族、为社会作出贡献。"在黄文秀的入党申请书中，人们读到了这位新时代青年党员干部的满腔热忱。

黄文秀研究生毕业后,放弃留在大城市的机会,主动请缨到贫困村担任驻村第一书记。短短一年多时间里,她帮助任职的广西壮族自治区百色市乐业县新化镇百坭村引进技术,发展产业;完成道路硬化,新建蓄水池;教村民做电商,拓展增收渠道。103户贫困户顺利脱贫88户,村集体经济项目收入翻倍。

如今贫困村脱贫摘帽,开朗爱笑的黄文秀却再也看不到了。山洪暴发,黄文秀不幸牺牲,为伟大的脱贫攻坚事业献出了年轻的生命。

同黄文秀一样,1800多名扶贫干部将生命定格在了脱贫攻坚征程上,他们用责任守护信任,用生命兑现承诺,生动诠释了共产党人的初心使命。

不忘初心,方得始终。在过去的8年多时间里,300多万名第一书记和驻村干部,同近200万名乡镇干部和数百万村干部一道奋战在扶贫一线,把心血和汗水洒遍千山万水、千家万户。我国脱贫攻坚战取得了全面胜利,完成了消除绝对贫困的艰巨任务,创造了又一个彪炳史册的人间奇迹。

以坚定的理想信念守望初心

对马克思主义的信仰,对社会主义和共产主义的信念,是共产党人的政治灵魂,是共产党人经受住任何考验的精神支柱

仲夏时节,高考时刻。6月7日一大早,云南省丽江市华坪女子高

级中学校长张桂梅被人搀着走下台阶，拿起喇叭，带领高一高二学生为150名高三考生加油鼓劲。

这一幕成为网络热点，网友纷纷留言，希望她能在这次高考结束后好好休息，保重身体。然而，了解张桂梅的人都明白，她是一名停不下来的斗士……

十几年来，她和贫困斗，"挽救一个女孩等于拯救三代人"，把1800多名大山女孩送进大学；她和疾病斗，患有多种疾病，却常说"不能把宝贵的时间浪费在无休止的看病上"。

张桂梅爱唱《红梅赞》，"红岩上红梅开，千里冰霜脚下踩，三九严寒何所惧，一片丹心向阳开……"这是她最喜欢的歌曲，也是她一生的追求。她动情地说："是党为我指引了一条光明的人生路，我所做的算不了什么，我就是要以共产党人坚定的理想信念，为党和人民奉献自己的全部。"

从成立之日起，我们党就把马克思主义写在自己的旗帜上，把实现共产主义作为党的最高理想和最终目标。这种对马克思主义的信仰，对社会主义和共产主义的信念，是共产党人的政治灵魂，是共产党人经受住任何考验的精神支柱。

"回家了，终于回家了！"1956年，陆元九漂洋过海，终于回到了阔别十几年的祖国。

上世纪40年代，陆元九赴美国麻省理工学院学习。1949年，他成功获得博士学位，并被安排留校工作。可是，陆元九始终没有忘记，"自己是中国人，回去给中国人做点事情"。他主动换了多份工作，克服重重阻力，几经辗转，踏上故土。

回国后，陆元九对党忠诚、奋发图强、不遗余力，参与筹建中科院自动化研究所，在世界上第一次提出"回收卫星"的概念，创造性运用自动控制观点和方法对陀螺及惯性导航原理进行论述，为"两弹一星"工程及航天重大工程建设作出卓越贡献。他曾经说："祖国永远是我的挚爱。在自己的祖国工作，再苦再累都是快乐的。"

信念如灯，指引方向；信念如山，坚定不移。理想信念之火一经点燃，就永远不会熄灭。吕其明70年来先后为《焦裕禄》等200多部（集）影视剧作曲，创作《红旗颂》《使命》等10余部大中型交响乐作品、300多首歌曲。他说："作为共产党员、烈士子弟，我将永远歌颂红旗、歌颂党。"

王书茂在40多年的职业生涯里，共组织渔民抵御台风120多场，对600多位渔民实施了救援，还参加了多处南沙岛礁建设。尽管面临各种风险，但他"从来没有放弃过守护和耕耘南海"。

蓝天野将一生奉献给人民文艺事业。青年时代参加革命，从事进步文艺活动，新中国成立后出演或导演《蜕变》《茶馆》《家》等数十部优秀文艺作品，塑造众多经典人物形象，努力以文化的力量吸引人、感染人、鼓舞人。

魏德友夫妇五十余年如一日，在我国边境线上放牧巡边，劝返和制止临界人员千余人次，管控区内未发生一起涉外事件，被誉为边境上的"活界碑"。他的巡边总里程达到20多万公里，相当于绕赤道5圈，有网友评价说："路在脚下，也在心中，这是用双脚走出的信仰之路！"

"家是玉麦,国是中国。"曾经很长一段时间,在海拔3600多米、每年有大半年时间大雪封山的"孤岛"玉麦,卓嘎和她的妹妹央宗、父亲桑杰曲巴三名共产党员坚持放牧守边。生活很艰苦,日子很孤寂,但是只要看到村口的五星红旗,他们就会打起精神来,因为"守住这片祖辈留下来的牧场,就守卫了国家"。

如今,玉麦的人口多了,人气旺了。卓嘎更加充满信心,她说:"我们不但要看好守好祖国的一草一木,而且一定能把玉麦建成幸福、美丽的小康乡。"

以真挚的人民情怀滋养初心

江山就是人民,人民就是江山。人心向背关系党的生死存亡。赢得人民信任,得到人民支持,党就能够克服任何困难,就能够无往而不胜

"渡江战役的胜利是靠老百姓用小船划出来的。"在渡江战役纪念馆的人民群众送军过大江雕塑群里,一位小姑娘的形象总是被人津津乐道。

她叫马毛姐。在所有渡江支前的英模中,年龄最小,当时只有14岁。渡江战役打响时,她一手掌舵、一手划桨,冒着枪林弹雨,忍着伤痛,6次横渡长江,运送3批解放军成功登岸。

她的女儿深刻理解母亲的壮举:"我妈妈本来是一个船户,以前全家整天在劳动,还是吃不饱、穿不暖。解放军解放了妈妈的家乡,给他们分田地、送粮食。老百姓都说有好日子过了,这种最朴素的信仰,

支撑着她参加了渡江战役。"

同样朴素的话语，也包含着朴素的常识——水可载舟亦可覆舟，民心是最大的政治。

不忘初心、牢记使命，说到底是为什么人、靠什么人的问题。以百姓心为心，与人民同呼吸、共命运、心连心，是党的初心，也是党的恒心。而这份初心要保持恒久、永远闪光，离不开人民情怀的滋养。

黑红的脸庞、粗糙的双手、朴实的举止，廷·巴特尔看起来与普通牧民没有两样。40多年的时间，他已深深地融入萨如拉图雅嘎查的这片土地，牧民们称他为"草原之子"。

上世纪70年代，廷·巴特尔和40多名知青一起，插队来到内蒙古锡林郭勒盟阿巴嘎旗萨如拉图雅嘎查。打草、放羊、种树，开拖拉机，他样样干得起劲、干得出色，很快就和牧民们打成一片。

知青陆续返城了，廷·巴特尔却在萨如拉图雅嘎查扎下了根。40多年来，他引导牧民划区轮牧，科学养殖；他建起了嘎查历史上第一个牛业公司，帮助牧民增收致富……如今，草原绿了，牛羊肥了，牧民富了。

有人问他，真的心甘情愿当一辈子牧民？他回答说："人的价值，并不在于你有多大的名，生活多么富有，而在于能否深深扎根于群众，为他们多办一些实事好事，得到群众的真心拥戴。我就愿做一棵扎根草原的红柳，永远守护这片草原！"

我们党自诞生之初，就把"人民"二字铭刻在心，党之所以始终深受人民爱戴，根本原因就是无数共产党人用真挚的人民情怀滋养初心、砥砺使命。

买买提江·吾买尔自 29 岁就担任新疆维吾尔自治区伊宁县温亚尔乡布力开村党支部书记，一干就是 20 年。2001 年，由于健康原因，他离岗休息，村里工作出现了一些状况。村民们便向组织提出，继续让买买提江·吾买尔当领头人。

"我从小吃着百家饭长大，怎能只顾自己不管大家呢？"买买提江·吾买尔每次提及当年的选举，总是激动不已：寒冬腊月，五六百村民等在门外，听到他当选后才离开。

在共产党人的心中，"人民"始终处于最高位置，而谁把人民放在心上，人民就把谁放在心上。

林丹，福建福州鼓楼区东街街道军门社区党委书记，扎根社区 40 余年，热心待人、真心办事，是孤寡老人的"女儿"，是居民群众的"服务员"，脚踏实地做好社区每一项工作，把党的温暖送到群众的心坎上。

王兰花，2004 年从宁夏回族自治区吴忠市利通区裕西社区居委会主任的岗位退下后，随即成立当地首个社区志愿者服务小组——王兰花热心小组，全力解决社区居民的操心事、揪心事、烦心事。她说："人退休了，思想觉悟不能休。既然咱是党员，就要帮助需要帮助的人。"

拳拳为民心，浓浓鱼水情。历史充分证明，江山就是人民，人民就是江山。人心向背关系党的生死存亡。赢得人民信任，得到人民支持，党就能够克服任何困难，就能够无往而不胜。

以不懈的接续奋斗砥砺初心

对于共产党人来说,心中有信仰,脚下有力量,奋斗本身就是一种幸福

"功崇惟志,业广惟勤。"从石库门到天安门,从兴业路到复兴路,一切伟大成就都是不懈奋斗的结果。如今,我们不忘初心、践行初心,最关键的就是要有一颗为党为民矢志奋斗的心。

在很长一段时间里,茫茫的毛乌素沙地追逐着开荒者的铁锄和牧羊人的皮鞭一路南侵,威胁着人们的生产生活。1984年,国家鼓励个人承包造林的政策出台,石光银当即卖掉赖以生存的84只羊和1头骡子,全部换成树苗,举家搬到沙窝里,决心和黄沙一斗到底。

随后的日子里,满怀期盼地种上树苗,有时迎来的却是树倒沙埋的失败。身边的同伴迟疑了,离开了,最后只剩下石光银一个人。即便如此,他也绝不服输,坚持战斗。最终,功夫不负有心人,他找到了治沙的门道。

如今,荒漠变绿洲,毛乌素沙地南缘筑起了一条长百余里的"绿色长城"。石光银还依托当地林草资源,蹚出了一条生态保护与牧民增收双赢的发展之路。

一个人,一辈子,一道渠……贵州遵义播州区平正仡佬族乡原草王坝村党支部书记黄大发学技术、凑资金、愚公移山,历时36年,带领村民开凿出一条绕三座大山、过三道绝壁、穿三道险崖的"生命渠",让村子彻底告别靠天吃饭的历史。

如今,有一首民谣在当地传唱开来、激荡人心:"不怕山高石头多,苦干就能把贫脱，打岩引水造梯田，穷村变成金银窝。"

艰苦奋斗，是我们党的优良作风，是共产党人的政治本色。一百年来，我们党带领人民穿越革命年代的烽火硝烟，开辟建设时期的广阔天地，激荡改革开放的风起云涌，创造世所罕见的"两大奇迹"，无不是靠的"奋斗"二字。

青藏铁路，全长1956公里，是世界上海拔最高、线路最长的高原铁路，高寒缺氧是铁路线修筑时面临的一个世界性难题。历经5个春夏秋冬，诞生了一个奇迹，14万筑路大军在海拔4500米以上连续高强度作业，未发生一例高原病死亡事故。

吴天一，就是这一奇迹的创造者之一。1958年，他响应祖国号召来到青海，目睹许多高原建设者病倒甚至牺牲。当时国内的高原医学研究还是一片空白，他便下定决心开拓这一领域。

数十年来，为了搜集资料，哪个地方海拔高、最偏远，他就去哪里。有时为了获取数据，他还拿自己做实验——通过向高海拔地区"急行军"，检测应激状态下人体的生理变化。

凭借着这股韧劲，吴天一的高原医学研究取得了一系列开创性成果，诊疗救治患者上万名。修建青藏铁路过程中，吴天一和他的团队全力以赴，保驾护航，连工人上厕所的细节都周全考虑，努力遏制感染高原病的风险，成为高原建设者"生命的保护神"。

社会主义是干出来的，新时代是奋斗出来的。回望百年，无数共产党人干一行、爱一行、钻一行、专一行，在平凡岗位上创造出不平凡的成就，用苦干实干为党的事业添砖加瓦。

"做事情要做到极致,做工人就要做到最好。"艾爱国从学徒做起,学气焊、电焊、氩弧焊,舍得吃苦,不怕吃亏,终成技能大师,为冶金、矿山、机械、电力等行业攻克数百项焊接技术难题。问他为何这么拼,他说:"一个人多为社会贡献光和热,是修来的福气。"

辛育龄,曾是白求恩身边的小战士,成长为新中国胸外科事业的开拓者和奠基人。从探索双腔插管麻醉下肺切除手术,到应用外层缝合法;从引入针刺麻醉,到开创电化学疗法……他用仁心仁术,在手术台上坚守了60多年;他不懈探索创新,在胸外科领域多个方面取得"从0到1"的突破。医学探索无止境,辛育龄最大的愿望便是"做一棵无影灯下的'不老松'"。

身经百战、屡建奇功的刑侦痕迹检验专家崔道植,今年已是87岁高龄。可是,只要有任务,他马上去现场,用自己的专业技能全力将犯罪分子绳之以法,为受害者找回公道。在他的眼里,"每破一个案子,就年轻了一次;每攻下一个难题,就年轻了一回。"

撸起袖子加油干,敢教日月换新天。幸福都是奋斗出来的,对于共产党人来说,心中有信仰,脚下有力量,奋斗本身就是一种幸福。

以无私的品格境界捍卫初心

以功成不必在我的精神境界和功成必定有我的历史担当,始终扎根人民、造福人民

百年大党,风华正茂。

中国共产党为什么能？成功的秘诀是多方面的，至关重要的一点是：中国共产党除了工人阶级和最广大人民利益，没有自己特殊的利益。只有不谋私利才能谋根本、谋大同，才能以功成不必在我的精神境界和功成必定有我的历史担当，始终扎根人民、造福人民。

二三十年前，安徽省合肥市长江路上，经常有一位身材高大的中年男子蹬着自行车穿过熙来攘往的街头。沿路的交警和摊贩都认得他——骑车上班的"李厅长"。

他叫李宏塔，历任安徽省民政厅厅长、安徽省政协副主席。他传承红色家风，始终保持勤俭节约的作风，笃信"当官只有一种权力，那就是为人民服务"。

正因如此，他从未向组织提出个人要求，也从不为子女打招呼，就连单位分房，他也是把机会留给有需要的人，自己一家人挤在一套55平方米的旧房里，一住就是16年。

对自己严，对百姓热，李宏塔把全部的精力都用到了为民服务上。在民政部门工作期间，他每年至少有一半时间都在基层。每次下乡，轻车简从，不打招呼，走进村，敲开门，直接和群众坐到一起。

瞿独伊从小接受家风熏陶，笃定一个信念：只有共产党才能救中国，共产党人辛劳为民族，活着就要全心全意为人民服务。

正因如此，她立足本职岗位，勤勤恳恳奉献。开国大典上，用俄语向全世界播出毛主席讲话；作为我国第一批驻外记者，赴莫斯科建立新华社记者站。她一生淡泊名利，从不向党伸手，从不搞特殊化，在国外工作期间，她把所得的绝大部分稿费，都交了党费。

一片丹心忠于党，心底无私天地宽。

在我们党的队伍里，功勋卓著、贡献突出的老党员、老干部、老战士数不胜数。他们感天动地的故事讲也讲不完。然而，他们从来没有躺在功劳簿上，一心专注于干事创业、再立新功，彰显了共产党人的高风亮节。

周永开，新中国成立前冒着生命危险在川北地区开展党的地下工作，新中国成立后全心全意推动地方发展。即便离休后，他也从来没有放松对自己的要求，看到生态遭到破坏了，就主动上山护林造林，一干就是10多年，成功推动建成了花萼山国家级自然保护区。

孙景坤，当军人南征北战，英勇果敢，多次立功；复员后躬耕田野，默默奉献。多少年后，当人们见到他的8枚军功章时，不禁惊讶："这还是平日里熟悉的那个人吗？"孙景坤内心却十分平静，他知道，变化的是身份，不变的是坚守。永葆共产党人的本色，就是他毕生的追求……

风雨苍黄百年路，高歌奋进新征程。

习近平总书记指出："唯有不忘初心，方可告慰历史、告慰先辈，方可赢得民心、赢得时代，方可善作善成、一往无前。"让我们以"七一勋章"获得者为榜样，增强"四个意识"、坚定"四个自信"、做到"两个维护"，不忘初心、牢记使命，为全面建设社会主义现代化国家、夺取新时代中国特色社会主义伟大胜利、实现中华民族伟大复兴的中国梦不懈奋斗。

（人民日报记者　张　洋）

《人民日报》（2021年7月1日　第4版）